シリーズ「遺跡を学ぶ」

027

南九州に栄えた縄文文化

上野原遺跡

新東晃一

新泉社

南九州に栄えた縄文文化
―上野原遺跡―

新東晃一

【目次】

第1章　火山の国、南九州の考古学……4
1　火山灰が刻む縄文成立期の歴史……4
2　南九州諸火山の噴火と火山灰……6
3　日本のポンペイ、橋牟礼川遺跡……10
4　鬼界カルデラの大爆発……17
第2章　最古の定住集落―上野原縄文ムラの世界……24
1　上野原遺跡の発見……24
2　火山灰が語る遺跡の層位と年代……26
3　縄文時代最古のムラの実像……32
4　豊かな定住生活を示す諸施設……41
第3章　早咲きの南九州縄文文化……46
1　成熟した初期縄文文化……46

装　幀　新谷雅宣
本文図版　中原利絵

2　南九州で縄文初期に発達した壺と耳飾り……55

第4章　旧石器から縄文へのダイナミズム……70

1　南九州の旧石器人の生活跡……70
2　土器の誕生とその環境……73
3　火山灰が刻む縄文文化起源のプロセス……74
4　縄文文化の原型をつくる……77
5　定住を支える食料獲得……78
6　縄文土器と異質な貝殻文土器……81
7　大噴火で消えたもう一つの南の縄文文化……84

第5章　よみがえる上野原遺跡……89

1　誕生！　上野原縄文の森……89
2　体験ミュージアムの活用と今後の展望……91

第1章　火山の国、南九州の考古学

1　火山灰が刻む縄文成立期の歴史

日本の国土は火山列島ともいわれるように、各地にたくさんの火山がある。そのなかで九州の中南部一帯には、現在でも噴煙たなびく桜島（図1）や雲仙の活火山が存在し、とくに南九州に特有な地形や景観をつくりだしているシラス台地は、太古の時代から断続的にくりかえされた巨大噴火によって、火口から流出した火砕流や大量の火山灰が堆積してできた火山灰大地として知られている。

その規模の大小によって影響の度合いは異なるが、相次ぐ火山活動による厚い火山灰の降下や火砕流の直撃で生活の場を一時離れることもあったし、豊かな大地の恢復が遅れたときなどは遠隔地へ移動ということもあった。後章でふれることになるが、この南九州の地では約六四〇〇年前の大噴火（鬼界《きかい》カルデラの爆発＝アカホヤ火山灰の堆積）によって、それ以前にこの地に栄えた伝統的な縄文文化が壊滅するという悲劇も起こっている。

このように南九州の人びとの、太古から、ある意味では現在に至るまでの生活と文化の歴史は、火山活動と深いかかわりをもちながら展開した。そしてその歴史の歩みは、長い年代をかけて徐々に堆積した厚い火山灰にはさまれた、何層にもわたる文化層のなかに、多くの謎を秘めて眠っていたのである。

本書では、一九九二年以後の発掘調査で明らかにされ、全国的に注目を浴びた縄文早期の上野原《うえのはら》遺跡と、列島最古の定住集落とまでいわれたその遺跡が成立する以前の、縄文文化形成期（草創期）に焦点をあてて、火山灰でパックされた、南九州の先進的な縄文文化の実相を記述していきたいと思う。

図１ ● 噴煙あげる桜島
約２万年前から噴煙をあげ、約１万 1500 年前にいまの桜島の姿をあらわし、縄文時代にも数々の爆発があった。最後が 1914 年（大正３）の大爆発であった。

本題に入る前に、南九州の人類の歴史と火山灰考古学に関係の深い、おもな火山活動と火山灰のこと、そして学史に残るような火山灰と考古学にかかわるような調査・研究のいくつかを紹介しておきたい。

2　南九州諸火山の噴火と火山灰

相次ぐ大噴火の歴史

九州の南部から中部にかけては多くの火山が存在し、過去数十万年の間に、合わせて何回かの巨大噴火を含め断続的に火山活動をくりかえしてきた。図2のように、南九州には北から始良《あいら》カルデラ（約二万五〇〇〇年前）、桜島（約二万年前以降）、阿多《あた》カルデラ（約九万年前以降）、池田湖（約五五〇〇年前）、開聞岳《かいもんだけ》（四〇〇〇年前以降）、そして鬼界カルデラ（縄文時代の噴火は約六四〇〇年前）という順で火山フロントが形成されている。

このように南九州では、鬼界カルデラ噴出のアカホヤ火山灰のように、その堆積が肉眼で確認できる範囲が東北地方までひろがるという超広域の火山灰や、地域的で小規模な火山活動を併せると、縄文時代の各時期に連綿と続く火山活動が確認されている。

上野原遺跡の場合、基盤層となる約一万一五〇〇年前の薩摩火山灰（P14、パミスの14）や、約九五〇〇年前の早期前葉の縄文集落の存在を明らかにしたP13とよばれる桜島起源の火山灰層、さらには縄文時代早期文化の終焉を告げるアカホヤ火山灰など、時代や文化を限定する貴重な火山灰層が存在している。

火山活動が人類に与えた影響については、火山学の立場からその規模や脅威について論じられているが、いま、考古学分野の調査成果からこの影響を実証することが急がれている。とくに、鬼界カルデラ（アカホヤ火山灰）の爆発については、一九七六年の町田洋氏などのアカホヤ火山灰の発見以来、考古学分野から縄文文化への影響が再三論じられてきた。

火山の爆発は、一般的には、①降下軽石→②火砕流→③火山灰の順に噴出していくが、これが火山活動の「一輪廻」とされている。鬼界カルデラのように大規模な火山活動の場合は、①降下軽石と③

図2 ●南九州のカルデラ・火口
南九州には、姶良カルデラ（約2万5000年前）、阿多カルデラ（約9万年前）、鬼界カルデラ（約6400年前）のほか、池田湖（約5500年前）、開聞岳（約4000年前）などの火山が密集する。

火山灰は成層圏高く舞い上がり、上層を吹く偏西風に運ばれ、西方から東北東方向へと降灰する。②火砕流は、約三〇〇度以上の高熱をもつ熱雲ともよばれる火山灰である。この恐ろしい火砕流は、噴出源のカルデラから超高速で同心円状にひろがり、火口から半径数十キロから数百キロの範囲におよぶものもあり、植生は密閉され高熱のため炭化木となり（**図3**）、火砕流の脅威を知らしめている。

火山活動の脅威の実証については、遺跡の発掘調査で見られる地震痕跡や津波痕跡などの発見や火山爆発による直接的な被災遺跡の発見などがあるが、アカホヤ火山灰のように火山灰層の上下層の文化の違いからその影響の強さをうかがい知ることができるものもある。

アカホヤ火山灰の発見

そのなかでも鬼界カルデラの爆発は、日本における完新世（縄文時代）最大の噴火といわれ、超広域に火山灰（アカホヤ火山灰）を降らせている。しかし、この火山灰が縄文時代の噴火で、同一起源の同一噴出物であることが判明したのは一九七六年のことであり、いまからわずか三〇年あまり前のことであった。

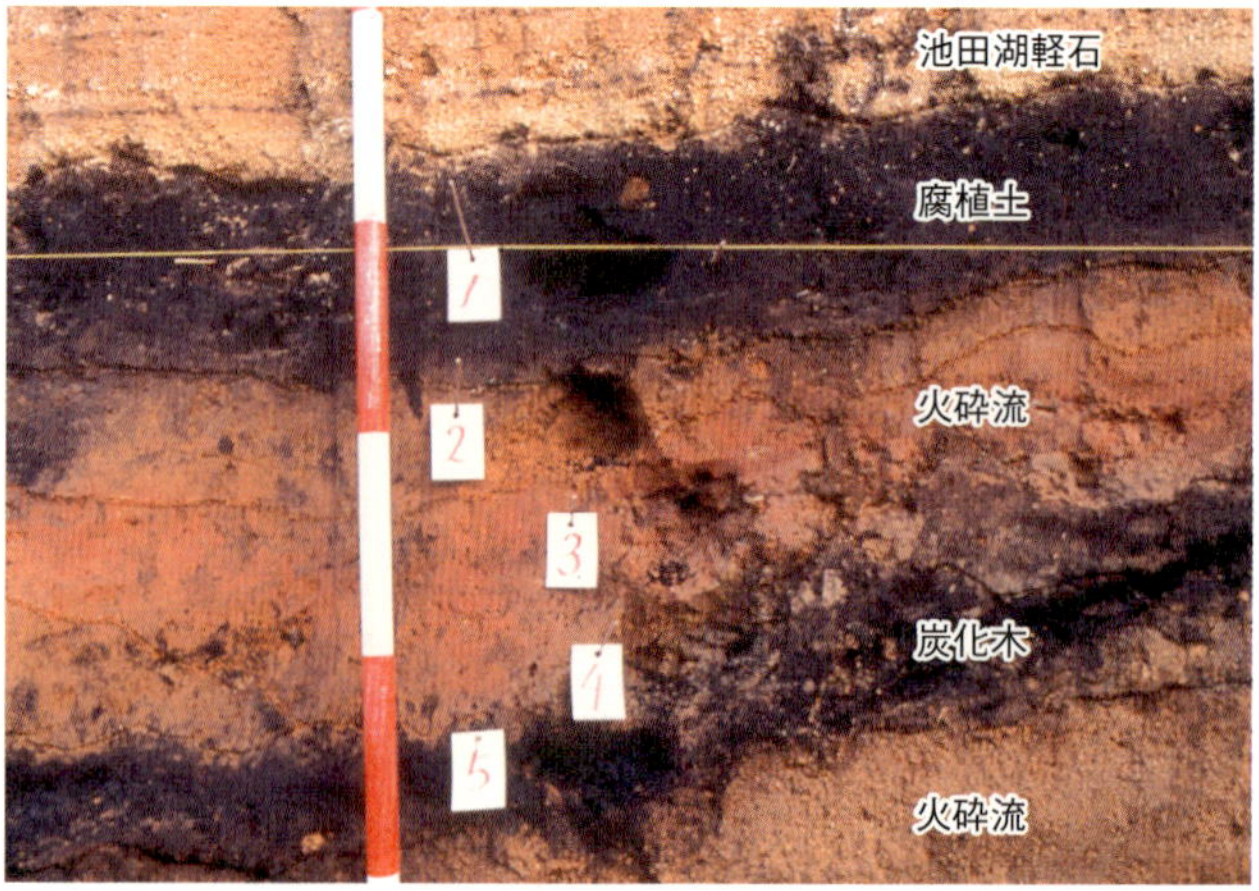

図3 ● アカホヤ火山灰による炭化木
下部の黒い部分が炭化木。約300度以上の高温の火砕流に巻き込まれて炭化した状態。

この「アカホヤ」（アカボッコ、イモゴ、オンジともいう）とよばれる火山灰は、南九州から東九州、四国にかけて、黒色の腐植土層中に間断なく堆積した黄褐色の火山灰層である。町田洋氏によって屋久島の北の海底に位置する鬼界カルデラの噴出物であることが確認された。

この「アカホヤ」が起源を一にする超広域火山灰であることが判明したのは、関東地方の立川ローム層間に存在する旧石器時代の鍵層である白色火山灰の給源地の探索中の出来事だった。この白色火山灰は、関東地方の旧石器時代のナイフ形石器が発達する地層間に存在するもので、丹沢《たんざわ》山地を中心に分布するところから、はじめは「丹沢パミス」と命名され、重要な旧石器時代の鍵層としてとり扱われていた。そして、この丹沢パミスの給源地は、新井房夫氏と町田洋氏の両氏によって、はるか九州の南の姶良カルデラの噴出物であることが確認され、姶良と丹沢の名をとって「姶良Tn火山灰」（Tn＝丹沢）と命名され、超広域の火山灰であることが判明した（図４）。そして、ほぼ日本列島全域をおおう、

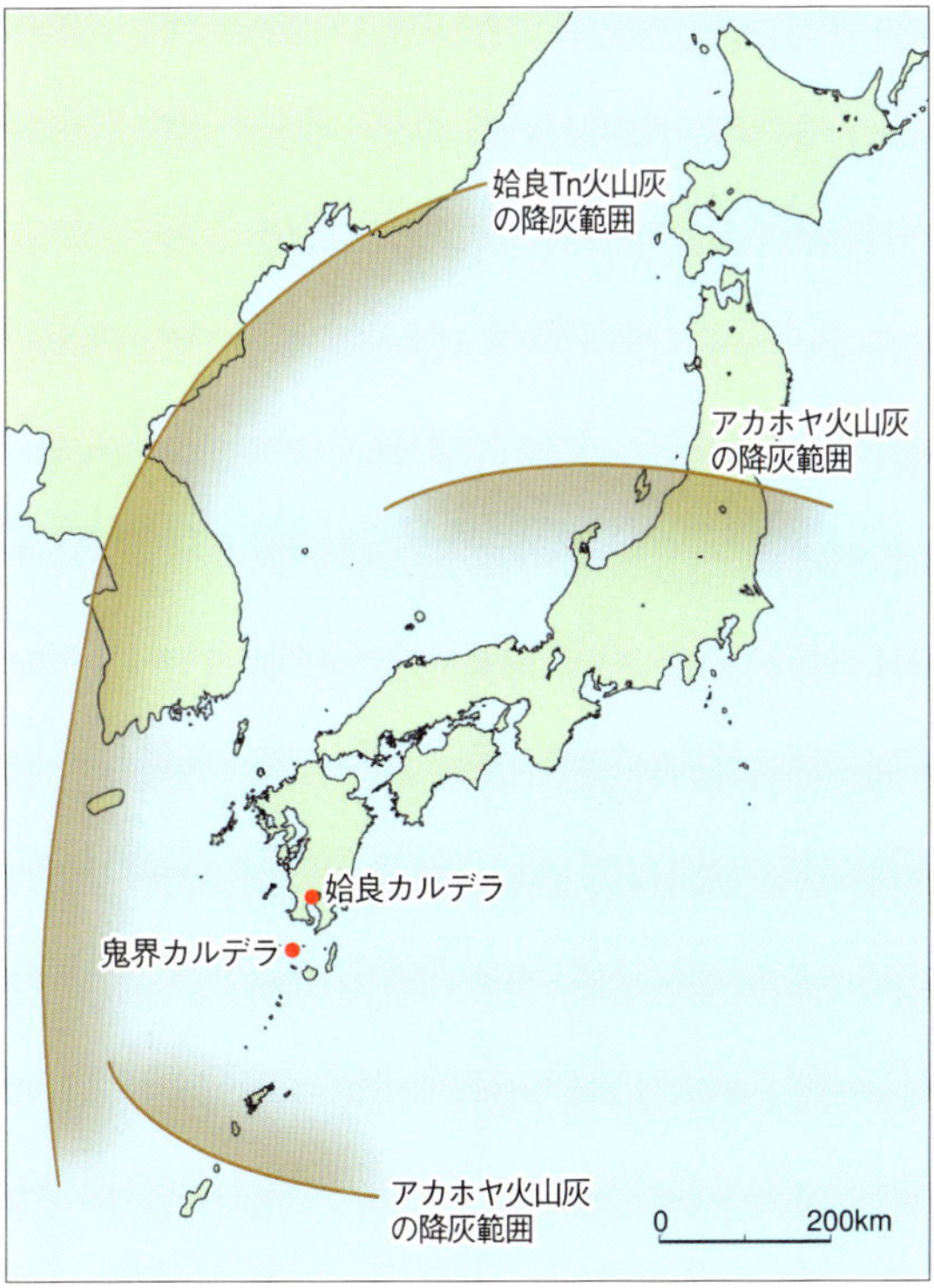

図４●姶良 Tn 火山灰（姶良カルデラ）とアカホヤ火山灰（鬼界カルデラ）の降灰範囲
肉眼で確認できる範囲。いずれも日本列島を覆った超広域火山灰であり、この火山灰が時代を測る物差しになる。

旧石器時代の文化層の年代を決める基準（鍵層）として研究上重要な役割を果たした。

さらに町田氏は、この「姶良Tn火山灰」の上層に存在する一枚の火山灰層にも注目し、探索をつづけた結果、これは屋久島の北海底に位置する鬼界カルデラを給源とする火山灰であることも究明し、宮崎地方の農民の呼称から「アカホヤ火山灰」と命名した。それは、一九七六年四月のことであった。

この火山灰は南九州・四国地方では二〇センチ以上の厚さの堆積が確認され、さらに遠くの中部・関東地方や日本海にも分布する広域の火山灰であることが判明した（図4）。とくに噴出源に近い南九州では、四〇から六〇センチの厚い堆積層が現存しており、大規模な爆発であったことが想定されている。

この火山活動、とくに厚いアカホヤ火山灰の降下が、南九州の縄文時代の人びとの生活に、どれほど甚大な影響をおよぼしたかということは、順を追って明らかになるだろう。

3　日本のポンペイ、橋牟礼川遺跡

縄文土器は弥生土器より古い

ここでしばらくアカホヤ火山灰そのものの話からはなれて、古くから火山灰と向き合って発掘や研究が進められてきた、南九州の考古学史のなかから、興味ある大事な話題を拾ってみよう。

　薩摩半島の南端、指宿《いぶすき》市下里のＪＲ指宿駅近くの国道脇に「国史跡　橋牟礼川《はしむれがわ》遺物包含地」と書かれた大きな看板がある。ここは指宿市街地のほぼ中央に位置し、オアシスのように緑の木々や芝生が生い茂りひろがる場所である。ここが「日本のポンペイ」といわれる橋牟礼川遺跡である。

　中央を流れる橋牟礼川の川岸や中央の古墳状の丘に入ると、「地層の剥ぎとり」の展示がおこなわれ、遺跡のていねいな解説がある。現在は、発掘調査であらわれた古墳時代の竪穴住居跡から上屋《うわや》構造を忠実に復元した集落もつくられ、本県唯一の整備された遺跡公園でもある（図５）。

　この橋牟礼川遺物包含地こそ、現在では常識となっている「縄文土器は弥生土器より古い」という事実を、大正時代に火山灰層によって立証した、日本で最初の記念すべき遺跡なのである。

　遺跡は、一九一八年（大正七）と翌一九年（大正八）に、京都帝国大学考古学研究室の浜田耕作教授ら

図５ ● 整備された国史跡橋牟礼川遺跡
復元されているのは古墳時代の住居。

によって発掘調査がおこなわれた。調査の結果、一・二メートルにもおよぶ厚い火山灰層の上層から、当時、弥生時代後期に位置づけられていた「薩摩《さつま》式」とよばれる土器群が出土し、火山灰の下層からは縄文時代後期の縄文土器が出土した。

かつて紀元前四世紀以来、イタリアのナポリ湾を臨み、繁栄を誇った古代都市ポンペイは、その最盛期の紀元七九年、ベスビオ火山の大噴火により火山灰の下に完全に埋没してしまったが、一八世紀以来の発掘によって、繁栄当時の古代都市の生活様式や美術・工芸などの様子を知ることのできる貴重な史跡となった。

橋牟礼川遺跡の発掘は、このポンペイの遺跡発掘とまったく軌を一にするものであったので、浜田教授は橋牟礼川の遺跡を「日本のポンペイ」とよんだ。そして、縄文土器と弥生土器が火山灰によってはっきり区分され、その上下の文化が異なる文化であることや、火山災害を受け

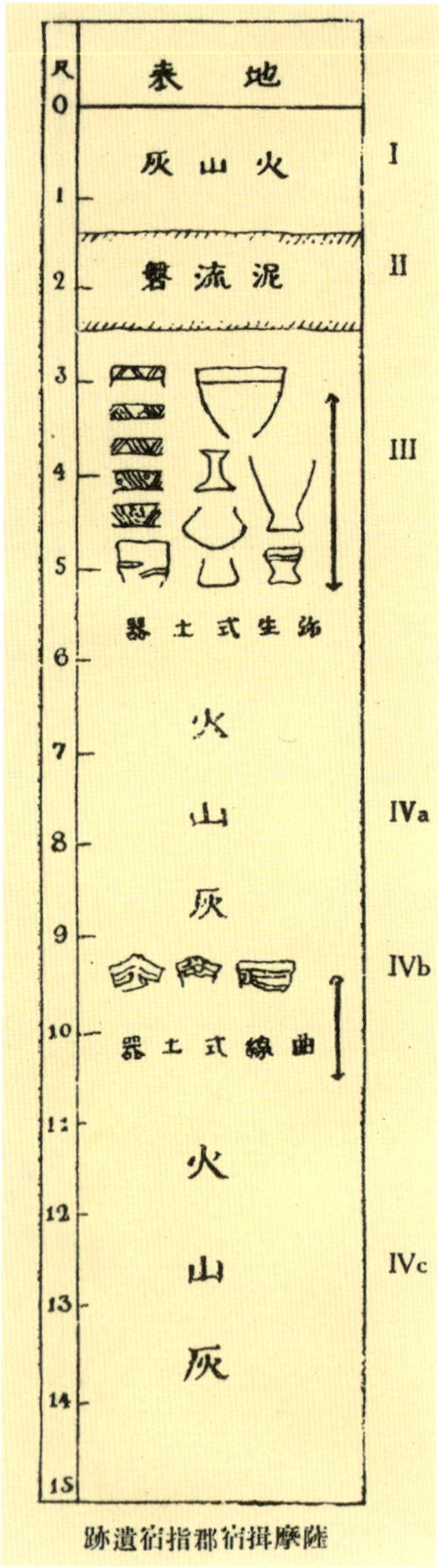

図 6 ● 浜田耕作が報告した遺跡層位図
『通論考古学』雄山閣、1922 年。
上位の弥生式土器は古墳時代の成川式土器。下位の曲線式土器は縄文時代後期の指宿式土器。

た古代遺跡として当時の学界に報告した（図6）。

この衝撃的な成果は、当時の学界に層位学の重要性と「火山灰と考古学」の重要な関連性を指摘することとなった。そのようにして、全国的に有名になった橋牟礼川遺跡は、一九二四年（大正一三）にはその重要性が認められ、いち早く国史跡に指定される運びとなった。その後、一九八二年には遺跡の範囲を確定して指定地内の買収を終えて、現在遺跡公園化されているというわけである。

火山灰の下からよみがえった平安時代のムラ

ところが、橋牟礼川遺跡に最初に学術的メスが入った一九一八年から七〇年後の一九八八年に、また衝撃的な発掘調査のニュースが流れた。

「火山灰の下に平安の住居跡」「開聞岳噴火で埋まる」「倒壊の状況なども解明」……

新聞やテレビは、橋牟礼川遺跡発掘調査の成果をいっせいに報じた。つまり、約一一〇〇年前の開聞岳

図7 ● **橋牟礼川遺跡発見の倒壊家屋**
穴は当時の家の木の状態。この穴に石膏を流すと当時の家の棟木などが現れる。この部分は屋根の合掌の部分。

噴火の火山灰によって押し倒され、火山灰に密閉された平安時代の建物が発掘され（図7）、当時の様子が生々しく再現されたのである。

じつは、橋牟礼川遺跡は、指定地外へひろがることが想定されていた。そのため指宿市教育委員会は、指定地周辺へ押し寄せる住宅などの開発に対処した発掘調査をコツコツと進めていた。そして、この地道な努力が一気に花開く結果となったのである。

それでは、発掘調査で発表されたこれまでの成果をみてみよう。

調査では、縄文時代後期から、弥生時代中期、古墳時代を経て、平安時代に至る時期の数千年の遺物や遺構が、橋牟礼川遺跡から約一〇キロ離れた開聞岳の噴火にともなう火山噴出物にパックされた状態で検出された。とくに、平安時代の開聞岳噴火にともなう火山灰層下の建物跡等の遺構は、その検出状況から火山災害を知る貴重な資料となっている。

火山灰土の色彩が紫色を帯びているため、通称「紫ゴラ」と呼称される火山灰層の下からは、土石流跡や河川の跡、河川へ降りるための古道、火山噴出物で埋没した掘立柱《ほったてばしらたてもの》建物跡や樹木、畑が営まれたと考えられる畝状遺構（図8）、貝塚、土壙墓《どこうぼ》、焚火跡、柵列などが発見されている。「紫ゴラ」は、平安時代に噴火し堆積した火山灰層と想定され、その直下に当時の姿のままの状態で平安時代の集落が発見されたわけである。

とくに、火山灰の重みでつぶれた建物跡は、倒壊の順序が復元でき、これを基に当時の家屋の構造を立体的に復元することが可能となった。

これまで、国内で同様な状態で発見された遺跡は、群馬県榛名山《はるなさん》の大噴火で埋まった古墳時代の住居跡（黒井峯《くろいみね》遺跡）があるだけで、古代の建築史を考えるうえでもきわめて重要な発見となった。

このほか、「府《ふ》」「真《しん》」などの文字が書かれ、郡衙《ぐんが》など当時の役所跡を示唆するような墨書《ぼくしょ》のある土器も発見されている。また、畝が残った畑跡や踏み固められた小道や柵列などが検出されている。さらに、立ったままの状態で火山灰に埋もれた木やまだ緑色を保っていた木の葉などの植物類、焼いたあとに食用にしたらしい動物の骨、土器、鉄器、青銅器（鈴・帯金具）など多種の出土遺物がある。

このように、平安時代の生活が火山灰にパックされた状態で発見されたことで、当時の生活環境や自然環境が全般にわたってかなり正確につかめ、さらに今後の分析、解明が期待されている。

さらに、「紫ゴラ」の下層にひろがる「青ゴラ」とよばれる青色火山灰を剥ぎとると、五世紀から六世紀代の古墳時代の遺構が発見された。断面がV字状の溝跡、貝塚、多数の住居跡群、土器廃棄所、土壙墓、鍛冶遺構な

図８ ● 橋牟礼川遺跡発見の畑跡
白く縁どりしたのが畑の畝の溝の部分。畑道や柵の跡などもある。

どが検出されている。

出土遺物は、「成川《なりかわ》式土器」とよばれる古墳時代の南九州独特の土師器《はじき》、須恵器《すえき》、釣針、鍬先、刀子《とうす》、鉄《てっ》斧《ぷ》、銅鏡片、青銅製鈴、土製勾玉《どせいまがたま》、土製管玉《くだたま》、子持《こもち》勾玉、滑石《かっせき》製模造品、砥石、石皿《いしざら》、凹石《くぼみいし》や磨石《すりいし》などの礫器《れっき》、軽石製品、獣骨、魚骨、鳥骨、炭化木材など多種の出土がみられた。

このように、日本のポンペイといわれて古くから注目を浴びた橋牟礼川遺跡の事例をみただけでも、火山灰が歴史や文化の変遷・変化の様子をたどる重要な指標となること、そして一瞬の火山災害を受けた集落の跡には、当時のままの生々しい生活の姿が再現できるということが明らかである。

戦後の南九州の考古学研究では、火山灰編年学（テフノクロノロジイ）などの発達と歩調をあわせて、ますます精細な研究が進められるようになり、とくに縄文時代については、戦前から組み立てられていた縄文土器の型式編年が随所で修正・変更を迫られ、とりわ

図９ ● 国史跡橋牟礼川遺跡
川（橋牟礼川）沿いの奥が「地層の剥ぎ取り」展示館で、この付近が大正年間の発掘調査地点。

け本書の主題である、縄文時代の初期の段階における文化の変遷や特性を知る新しい視点をあたえることになった。再び話題をアカホヤ火山灰に移そう。

4　鬼界カルデラの大爆発

アカホヤ火山灰と縄文遺跡

アカホヤ火山灰の噴出年代については、放射性炭素（^{14}C）年代測定などによって、約六〇〇〇年から六五〇〇年前におさまる多くの測定値が得られている。

これまでは、おもに地質学分野で火山灰層の年代把握をおこなうために、火山灰層の上下の腐植土層中の炭化物の測定をおこない、比較的大まかな層序関係で年代幅の広いバラツキの大きな測定値となっていた。そのなかで筆者は、アカホヤ火山灰のより正確な年代を知るための試料の採取がおこなわれていた、前田保夫氏が担当者として調査された兵庫県神戸市玉津《たまつ》環境センター建設現場で発見された、アカホヤ火山灰の測定値を使用している。これは、アカホヤ火山灰層の上下をはさんだヒメシラトリガイ（内湾の潮間帯付近に生息する二枚貝）一種のみの試料を学習院大学と金沢大学に測定を依頼し、より精度の高い測定値を得ている。それによると、アカホヤ火山灰の降下年代は、約六四〇〇年前と測定されている。

そのほか鹿児島県金峰《きんぽう》町の上焼田《かみやきた》遺跡では、アカホヤ火山灰の上層出土の古い形態の轟《とどろき》式土器に伴出したハマグリで、測定値は六五二〇年前と六四〇〇年前という若干古い年代が得られている。測定試料の違いや測定誤差を考慮すると、アカホヤ火山灰の降下年代は、ほぼこの年代に落ち着くことが想定される。

このアカホヤ火山灰が遺跡のなかでどのように存在し、そして何を物語っているか、研究史の事例をまず紹介する。

一九五四年、鹿児島県出水《いずみ》市の出水貝塚の発掘調査では、赤褐色の火山灰層を介して土器編年上、大きな成果が得られている。出水貝塚は一九二〇年（大正九）、浜田耕作・長谷部言人《ことんど》両氏らによって、貝層だけの発掘調査がおこなわれ、縄文後期の土器に混じって押型文《おしがたもん》土器が出土していた。これによって、九州では押型文土器は縄文時代後期まで残存するという考えが長く続いていた。

しかし戦後、縄文時代後期の土器と早期の押型文土器が一緒に出るはずはないと考えた山内清男《やまのうちすがお》氏は、一九五四年に出水貝塚の発掘調査をおこなった（図10）。じつはこれが九州の縄文土器編年上、大きな成果を得る結果となった。この発掘調査では、貝層から最下層の礫層まで深く発掘され、火山灰上層の貝層から後期土器が、火山灰の上層からは中期の土器が出土した。そして、この火山灰の下層の黒色土層からは、押型文土器だけが出土するという事実が判明したのであった。

図 10 ● 1954 年の出水貝塚の現地説明会
左端が出水貝塚を発掘調査した山内清男氏。

この層位的成果によって、九州の押型文土器も早期に位置することが証明されたのである。なお、この赤褐色の火山灰はその後判明したアカホヤ火山灰に相当するものであり、すでにいまから五〇余年前にアカホヤ火山灰は遺跡の発掘調査においてその成果を大いに発揮していたことになる。

一九七六年、アカホヤ火山灰が同一起源と認定された直後、給源地の鬼界カルデラに近い種子島で、アカホヤ火山灰層の上下の文化層をさらに細かく知る良好な遺跡が、県営圃場整備事業にともなって発掘調査された。遺跡は種子島北部の東海岸に位置する鹿児島県西之《にしの》表《おもて》市の下剥峯《しもはぎみね》遺跡である。最上層に弥生中期の文化層が存在し、その下位にアカホヤ火山灰をはさんだ上下二枚の縄文文化層が発見されている（図11）。

下剥峯遺跡のアカホヤ火山灰は、給源地に近いこともあって、しっかりした固い堆積層を形成している。火山灰は四〇センチと比較的薄いものの、火山灰↓火砕流↓軽石の順に三層に区分され、火山活動の一輪廻

図 11 ● **種子島下剥峯遺跡で最初に注目されたアカホヤ火山灰層**
黒色土の中央に堆積するアカホヤ火山灰の上位から縄文時代前期の轟式土器が、
下位から早期の吉田式土器が出土。

を如実に示している。そして上層の黒色腐植土層は、アカホヤ火山灰が母胎となって縄文土器を包含している。

アカホヤ火山灰の下層は、厚さ二〇センチ程度の灰褐色の腐植土層で、蘭鉢《らんばち》状《じょう》の貝殻文《かいがらもん》円筒《えんとう》土器（吉田式土器）をともなってバケツ状を呈した新出の貝殻文円筒土器（後にこの遺跡名から下剥峯式土器と命名）を主体に出土している。

アカホヤ火山灰の上層には、尖底《せんてい》の条《じょう》痕文《こんもん》土器や連続刺突文《れんぞくしとつもん》土器、突帯文《とったいもん》土器、沈線文《ちんせんもん》土器など多種類の一群が出土して注目された。いずれも縄文時代前期の轟式土器の系統に属するものであった（図12）。そのうち、連続刺突文土器は、九州本土ではみられない一群であったが、後に室川《むろかわ》下層式土器に相当することが判明した。室川下層式土器は沖縄・奄美に

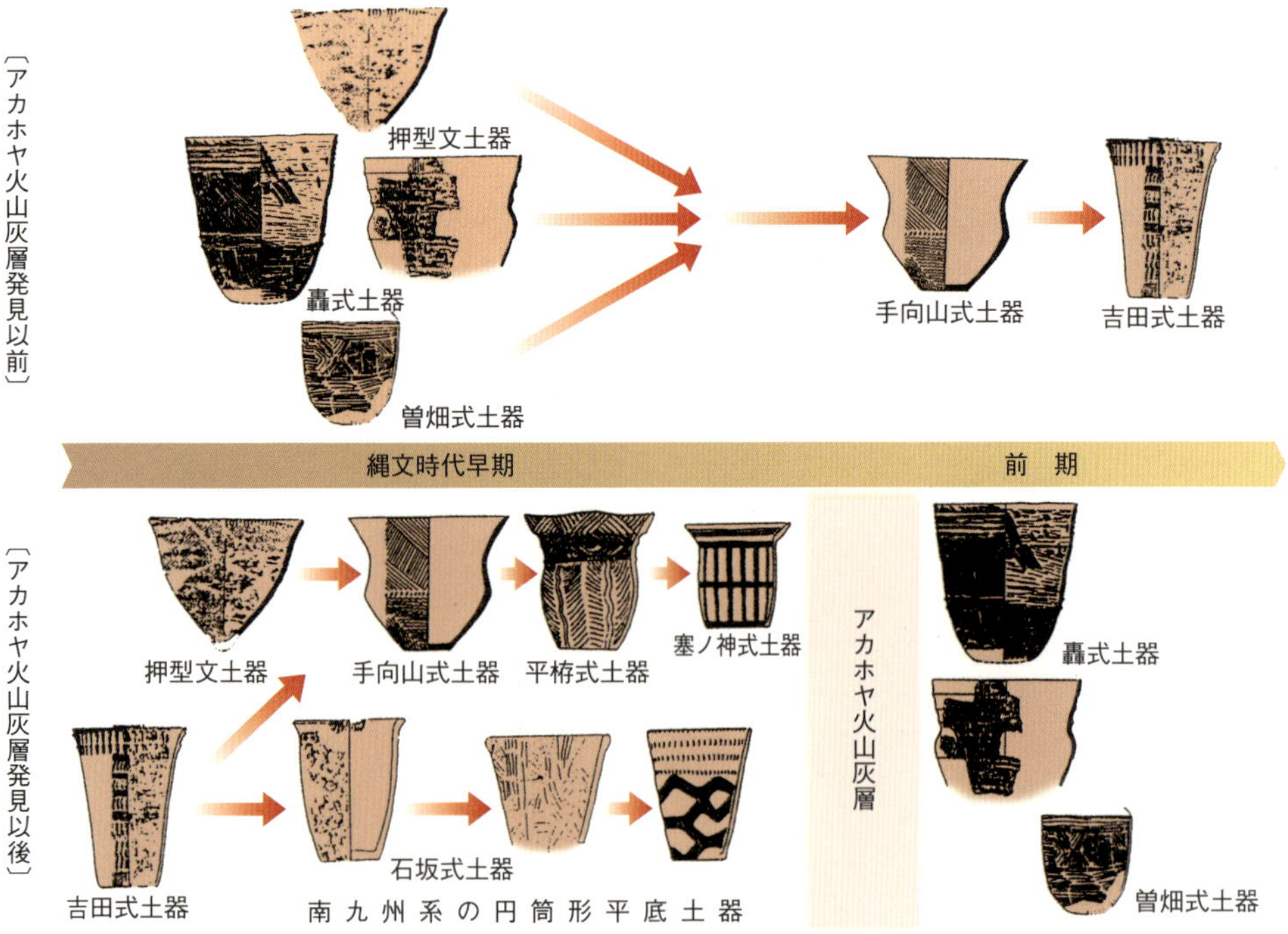

図 12 ● アカホヤ火山灰発見以前と以後の縄文土器編年
縄文土器は尖底・丸底が古く平底が新しいと考えられていたが、アカホヤ火山灰の発見によって、南九州では円筒形平底土器がもっとも古いことがわかった。

分布するいわゆる「南島土器」であるが、南島土器が熊毛《くまげ》諸島まで北上していた新事実と、それが轟式土器の時期に該当するという事実をも発見することになった。

このように、下剥峯遺跡では、アカホヤ火山灰を介して、まったく異質な土器文化が上下に存在することが確認された。このような土器型式の違いは、火山活動の影響が考えられ、大きく注目される結果となった。

縄文文化の流れを変えた大噴火

鹿児島県溝辺《みぞべ》町の桑《くわ》ノ丸《まる》遺跡のこれまでの発掘調査で、ほぼ接近する轟式土器と塞《せ》ノ神《かん》式土器や押型文土器などの土器型式がアカホヤ火山灰層の上下に分かれて出土することが判明してきた。しかも、上下の文化はアカホヤ火山灰層をはさんで土器の型式に大きな違いが看取されることがわかってきた。

アカホヤ火山灰下層の土器文化の変遷をみると、南九州では早期の古い段階（約一万年前）に平底《ひらぞこ》の貝殻文円筒土器群が出現し、早期前葉ではその文化圏は南九州を中心に存在している。その後、この土器文化は、早期の中葉頃には南進してきた押型文土器をも吸収し、手向山《たむけやま》式や塞ノ神式土器へと発展し、その文化圏を逆に九州一円から兵庫県付近まで北進し、圏域を大きく拡大しているようである（図13）。

福井県の鳥浜貝塚を代表する西日本では、前期になって照葉樹林《しょうようじゅりん》が定着して縄文文化が飛躍的に発展したことが証明されている。しかし、畑中健一氏らの花粉分析によると、南九州では、すでに九〇〇〇年から八五〇〇年前には照葉樹林が繁茂していたことが想定されている。ちょうどこの時期の南九州は、驚異的に発達した貝殻文円筒土器の時期に当たっている。

米倉秀紀氏は、九州の早期遺跡から出土する石器組成の比較から、北部九州は動物質食料への依存度が高く、南九州は植物質食料依存度が高いことを指摘し、その要因を植生の違

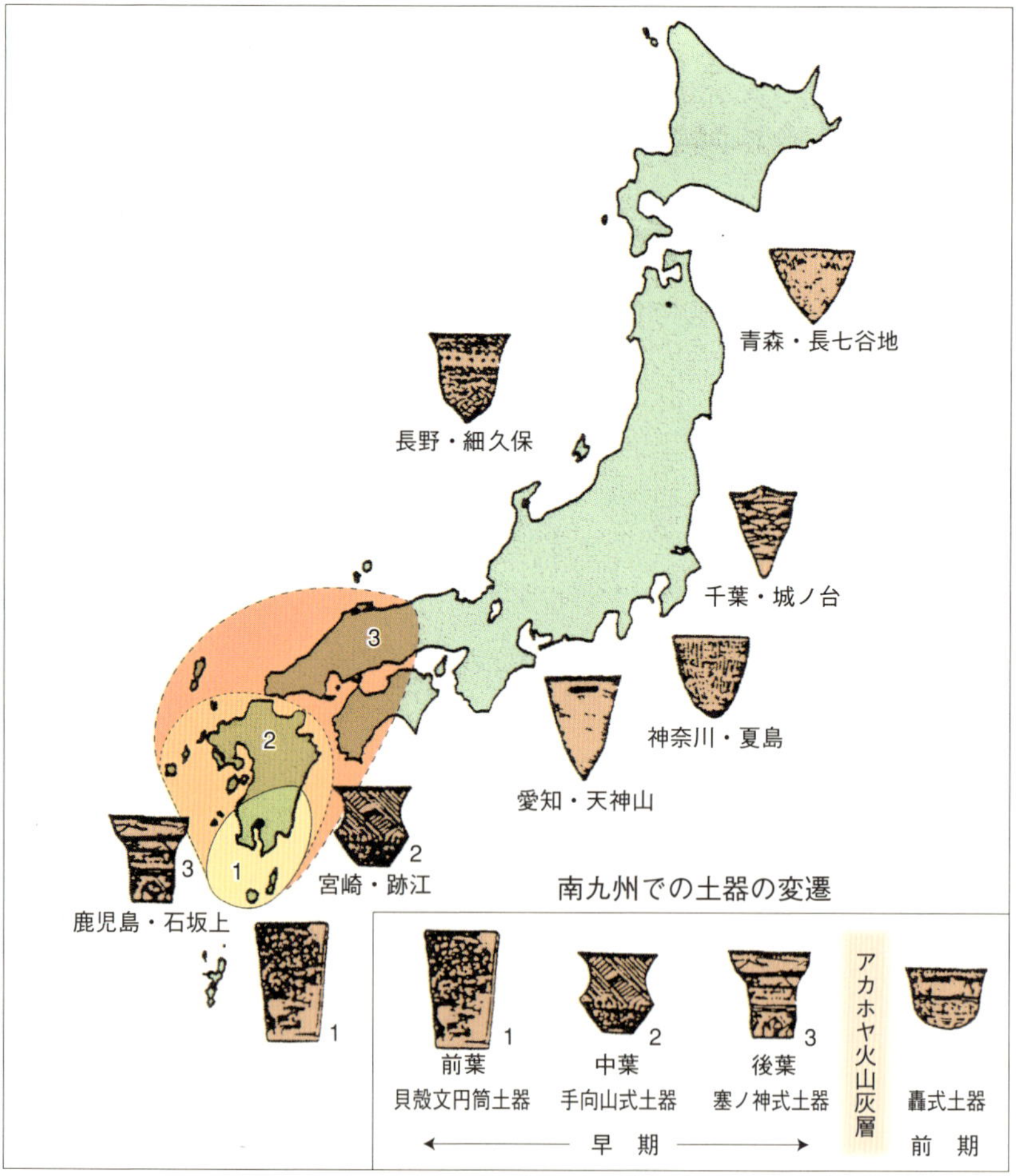

図 13 ● **縄文時代早期の日本列島と南九州の土器**
縄文時代早期の日本列島は尖底土器に対し、南九州から筒形平底が発達して兵庫県付近まで北上したころ、アカホヤ火山灰の爆発で途絶えてしまう。

いに求めている。つまり、アカホヤ火山灰降灰までの早期の土器型式を比較すると、北部九州は押型文土器など尖底および砲弾形の器形の土器を基本とし、南九州は貝殻文系の円筒形平底の器形を基本としている。石器組成や土器形態の違いから類推すると、南九州には一段階早い早期前葉の段階には照葉樹林帯が形成され、この植生のなかで、このような文化が発展したことが想定される。早期後葉の手向山式や塞ノ神式土器の北への文化圏の拡大は、照葉樹林の北進を追いかけるような形で進んだものとみられる。

その後、アカホヤ火山灰が降灰した後、最初にみられる土器は轟式土器であり、続いて曽畑《そばた》式土器が出現してくる。西日本に照葉樹林が到着した時期は、安田喜憲氏の花粉分析では約六五〇〇年前であり、ちょうど縄文時代の早期と前期の境にあたっている。前田保夫氏の分析では、大阪湾付近ではアカホヤ火山灰層を境に植生の交代が顕著にみられるとのことである。これらのことから、照葉樹林帯が拡大し、西日本の早期文化に刺激を与え、前期文化へ発展する時期に鬼界カルデラの大爆発が起こり、アカホヤ火山灰が降下したことになる。

逆に、照葉樹林によって発展し、拡大しつつあった南九州を核とする早期文化は、アカホヤ火山灰の降灰によって壊滅状態となったようである。その後、照葉樹林の定着にともなって発達した西日本の前期文化は、次第に植生が回復した南九州へと南進したことが轟式土器の南下によって裏づけられるのである。

このように、鬼界カルデラの爆発は、九州の縄文文化の変遷に大きな影響を与えた完新世最大の火山爆発であったのである。

第2章　最古の定住集落——上野原縄文ムラの世界

1　上野原遺跡の発見

一九九七年、「約九千五百年前の国内では最古で最大級の集落！　上野原遺跡発見！」と、南九州での国内最古級の集落跡発見のニュースが大きな話題となった。

この鹿児島県霧島市の国分《こくぶ》上野原テクノパーク（工業団地）建設の造成にともなって発掘調査された上野原遺跡では、竪穴住居跡《たてあなじゅうきょあと》五二軒を中心に、石蒸し料理施設の集石遺構《しゅうせき》（三九基）や燻製料理施設の連穴土坑《れんけつどこう》（一六基）のほか、道跡二筋、多数の土坑など各種の生活遺構が発見された。そして、五二軒の住居跡のなかの一〇軒の住居跡の竪穴内の埋土《まいど》に、桜島起源の火山灰（約九五〇〇年前）がパックされた状態で検出された。このことから、上野原では同時期に一〇軒程度の住居が建っていたことが想定された。

このように、日本列島最南端の南九州の縄文時代のごく古い時代には、すでに同時に一〇軒程度の住居で構成される「縄文のムラ」が存在していたことが判明したのである。つまり、「日本で一番古い縄文のムラ」の発見であった。そして、ここの縄文人たちが使用していた土器は、貝殻で文様を施した円筒形や角筒形《かくとうけい》の平底の土器であり、日本列島の古い時期には、他地域では例のない南九州独特の土器でもあった。

　なぜ、日本列島最南端に、それまでの「縄文時代観」を変えるような文化が誕生しえたのか、縄文文化の起源を考えるうえからも重要

図 14 ● **上野原遺跡が所在する上野原台地**
手前台地上が整備された「上野原縄文の森」。右下手前に広がる緑地が国史跡上野原遺跡。その左側に復元住居公開区がみえる。錦江湾内（姶良カルデラ）には桜島。

な課題と興味ある問題を提起するとともに、縄文文化の南方ルートの起源論も浮上することになった。

上野原遺跡は、一九八六年に発見されて以来、一九九七年まで継続的に発掘調査がおこなわれてきた。そして、一九九六年度の発掘調査で、上野原台地の北東側のⅣ工区から「南九州地域における定住化初期の様相を典型的に示す大集落で、日本列島の縄文時代の開始期を知る重要な遺跡」が発見されたが、この発見は南九州の縄文文化の草創期から早期にかけての集大成となった。

2　火山灰が語る遺跡の層位と年代

縄文時代観を変える発見続く

上野原遺跡は、鹿児島県霧島市国分の市街地の南東部で、鹿児島湾周縁の姶良カルデラの火口壁上の標高約二六〇メートルの上野原台地の先端部に所在している。遺跡は最先端技術の工業団地（国分上野原テクノパーク）造成にともない一九八六年に発見され、その後継続的に発掘調査がおこなわれた（図15）。

まず、一九九四年度を中心としたⅢ工区の発掘調査では、縄文時代早期にはみられない壺形土器や耳飾りなどを所持した成熟した縄文文化が発見された。その後、一九九六年度を中心としたⅣ工区の北東側の調査では、五二軒の竪穴住居跡で構成する集落跡が発見され大いに注目された。これらの発見は、縄文時代草創期から早期にかけての、先進的で成熟した南九州の縄文文化の集大成となり、日本列島の縄文文化観の転換を迫る成果を提供したことになる。

上野原台地は、姶良カルデラや桜島などから噴出した多くの火山灰堆積層からできている。火山灰層は、腐植土層と互層になって一七層以上の層位が確認されている。腐植土層は人類の生活跡を残した文化層であり、火山灰層は激しい火山活動があったことを教えてくれる。つまり、上野原台地の縄文人は、幾多の激しい火山活動と戦いながら生き続けてきたことがうかがえるのである。

上野原遺跡の地層

上野原遺跡の地層（図16・17）は、まず、現代の耕作土の下には、近世から中世の生活層（2層）、弥生時代の住居跡や畑跡など（3層）、縄

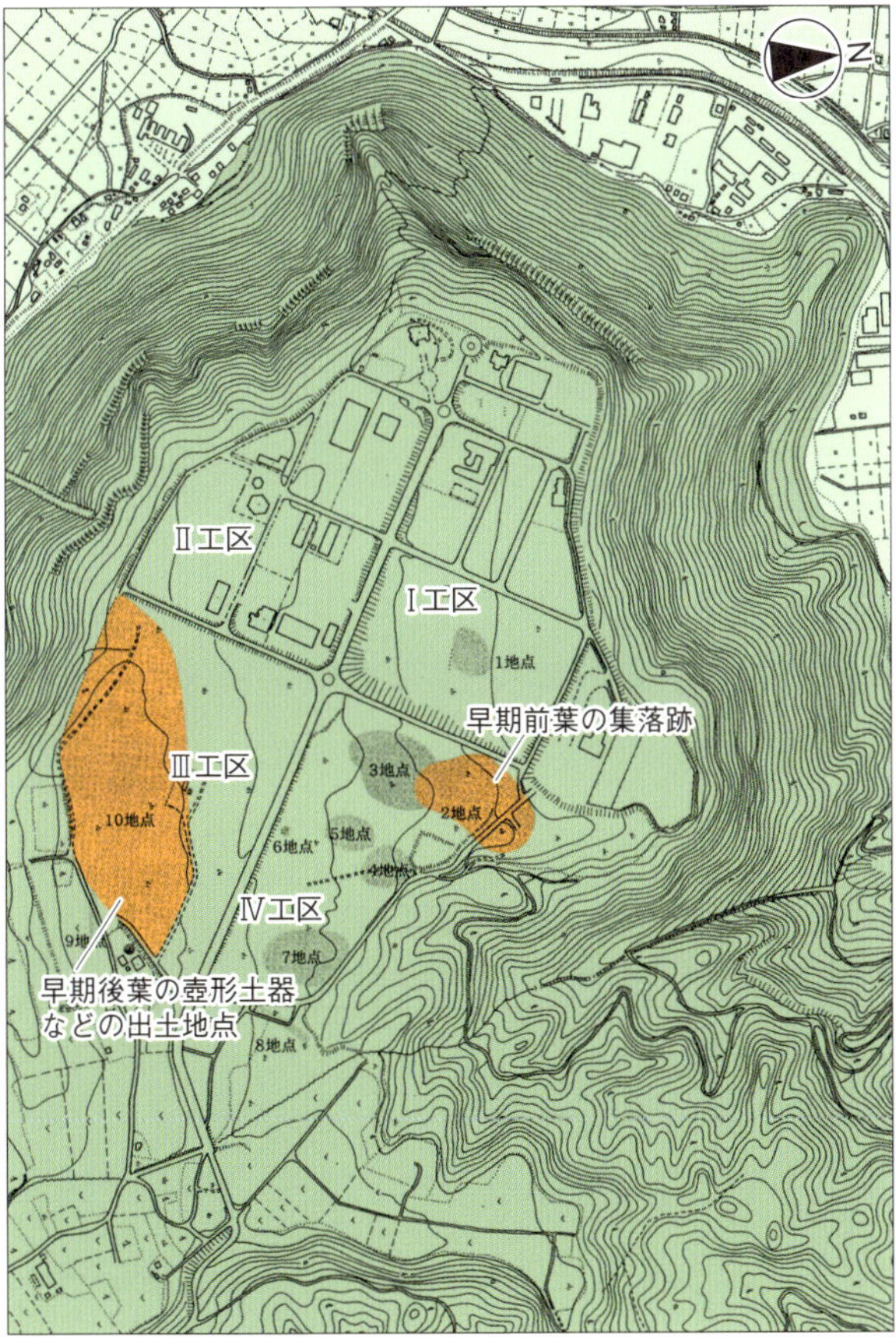

図15 ● 上野原遺跡の発掘調査地点
Ⅲ工区（10地点）が縄文時代早期後葉の壺形土器などが出土した地点。Ⅳ工区（2地点）が早期前葉の集落跡が発見された地点。

文時代晩期や後期（4層）および前期（5層上面）の生活層となっている。

　5層は、屋久島の北海底（硫黄島付近）の鬼界カルデラから噴出したアカホヤ火山灰層である。この火山灰層は、約六〇センチ以上の厚さで上野原台地を被っている。このアカホヤ火山灰層は、約六四〇〇年前の降灰とされ、韓半島南部や関東地方の遠隔地でも確認できる超広域火山灰で、完新世（縄文時代）最大の火山爆発とみなされている。

　続く6層は、縄文時代早期後葉（七五〇〇年前）の遺構や遺物が出土しており、Ⅲ工区の文化層はこれに該当する。そして続く7層は、早期中葉から前葉（一万年前から九〇〇〇年前）

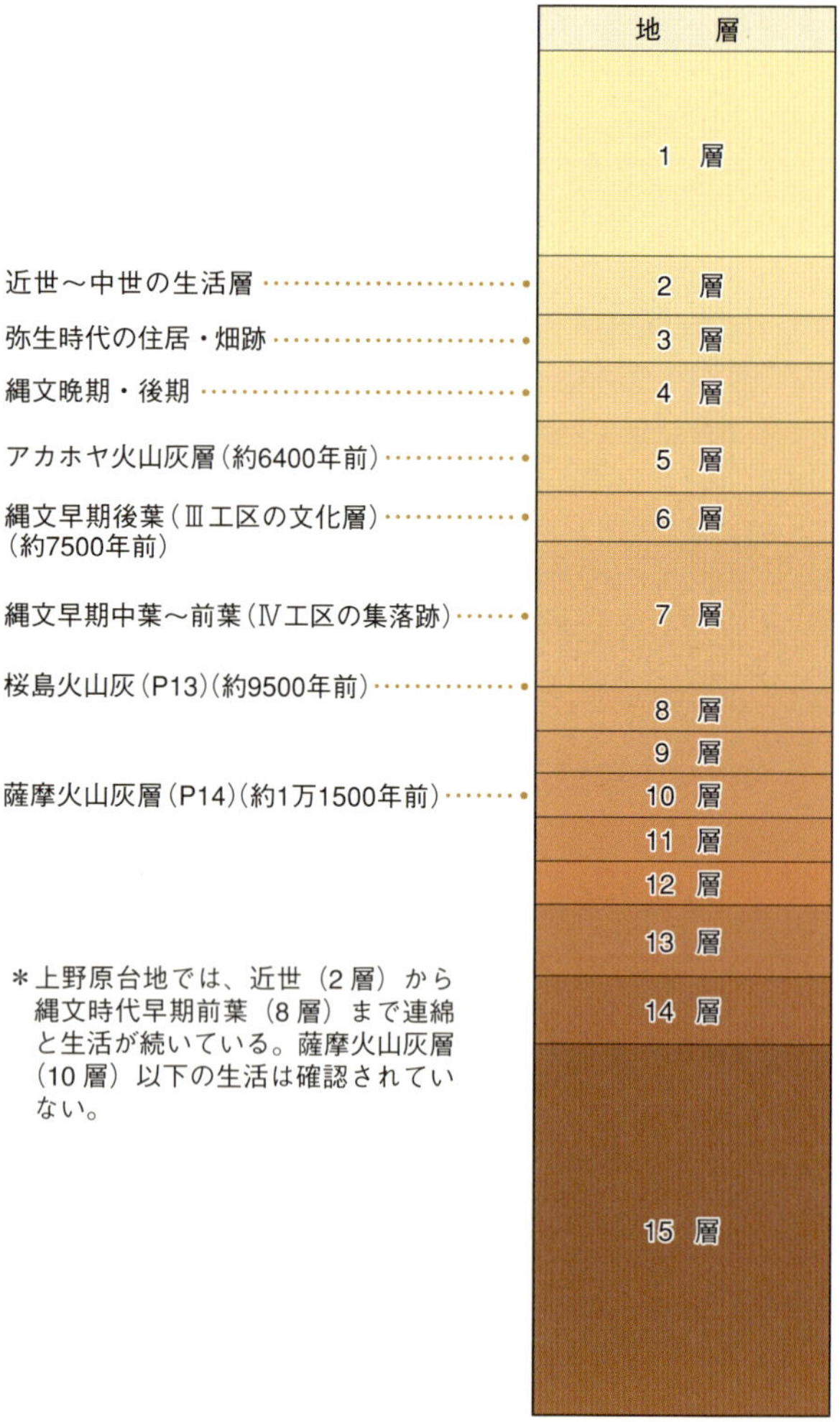

＊上野原台地では、近世（2層）から縄文時代早期前葉（8層）まで連綿と生活が続いている。薩摩火山灰層（10層）以下の生活は確認されていない。

図16 ● 上野原遺跡の地層（模式図）

の遺構や遺物が出土しており、Ⅳ工区の集落跡が存在する層に該当するものである。

そして、8層は無遺物層であり、上面にはP13（約九五〇〇年前）とよばれる桜島の火山灰が混入している。10層は、約一五～二〇センチ程度の厚さに堆積した薩摩火山灰層（P14）とよばれる桜島の噴出物で、この爆発によって現在の桜島ができたと考えられている。上野原遺跡では、この10層以下では人類の生活した跡は確認されてない。

6層の成熟した早期後葉の縄文文化

なお、一九九二年度からおこなわれた上野原台地南東部のⅢ工区からは、約七五〇〇年前頃（縄文時代早期後葉）の多数の遺構やめずらしい多量の遺物が出土している。遺構は、石蒸し炉とされる集石遺構が二〇〇基以上も発見され、さらに、対で土坑に埋納《まいのう》された完形の壺形土器を含めて一二個の完形の壺形土器などの埋納遺構が発見され

図17 ● **上野原遺跡の地層写真**
上野原遺跡ではアカホヤ火山灰（5層）と薩摩火山灰（10層）の間に、縄文時代早期後葉と前葉の2文化層が発見されている。薩摩火山灰（10層）以下の生活は確認されていない。

ている。周辺からは土偶や土製耳飾り、用途不明の土製品や異形石器など祭器的な様相がみられる遺物が多数出土している。

　このⅢ工区の約七五〇〇年前（早期後葉）の出土品七六七点は、「南九州における文化の先進性を物語る貴重な学術資料」と高く評価され、一九九八年六月に国の重要文化財に指定された。

7層の早期前葉の初期定住集落

　7層から検出されたⅣ工区の集落は、竪穴住居跡五二軒、石蒸し炉とされる集石遺構三九基、燻製施設と考えられる連穴土坑一六基、用途不明の土坑二六〇以上、道跡二筋などで構成された、縄文時代早期前葉の集落であることが判明した（図18・19）。

　特殊な遺構に、連穴土坑とよばれる遺構がある。南九州では草創期から存在するが、関東地方の「炉穴《ろけつ》」と同一のものと考えられ、南九州から日本列島を北上した保存食づくりの燻製施設と考えている。大きな穴と小さな穴の床面がトンネル状に連なったもので、大きな穴の小さな穴寄りの床面や壁に焼土が確認されている。単独で発見される場合もあるが、竪穴住居と切り合ったり延長上に重なって発見されることもある。

　この集落にともなう出土遺物には、土器や石器などがある。土器は、南九州特有の貝殻文系

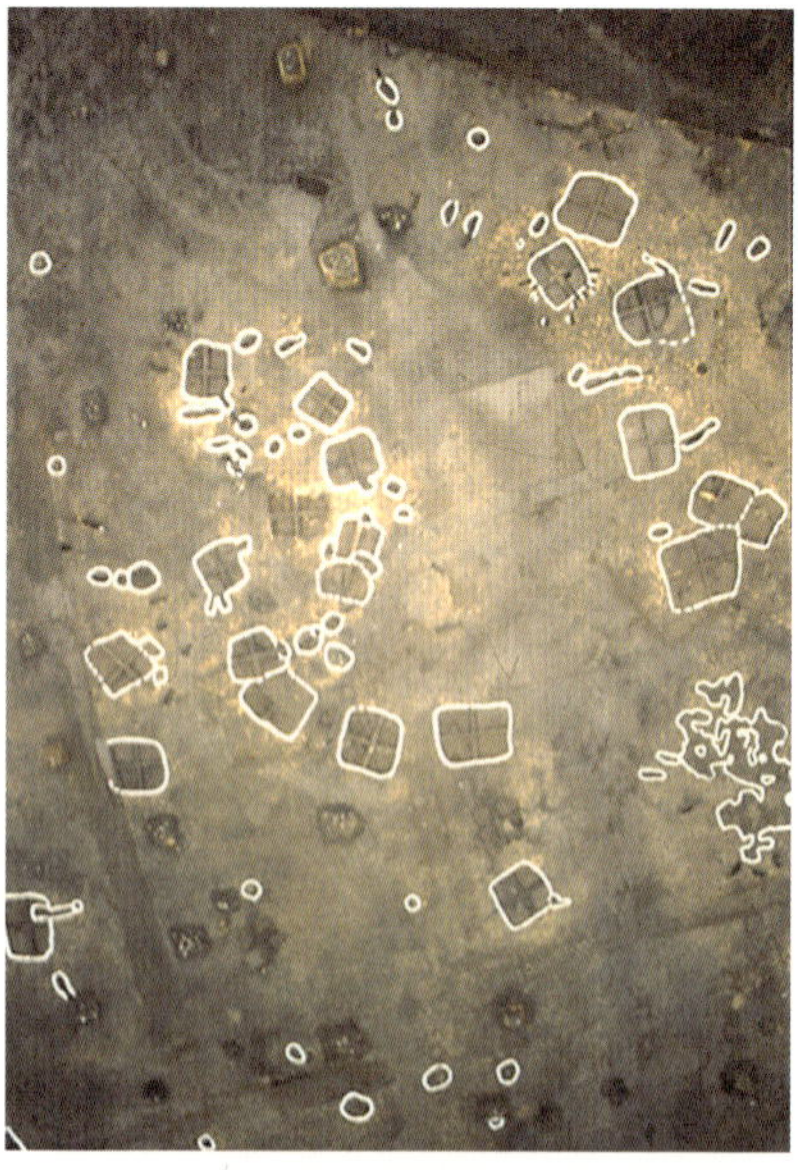

図 18 ● 上野原遺跡の遺構検出状況（航空写真）
方形・四角形が住居跡、細長い楕円形は連穴土坑。住居跡群の間に道筋跡がうかがえる。

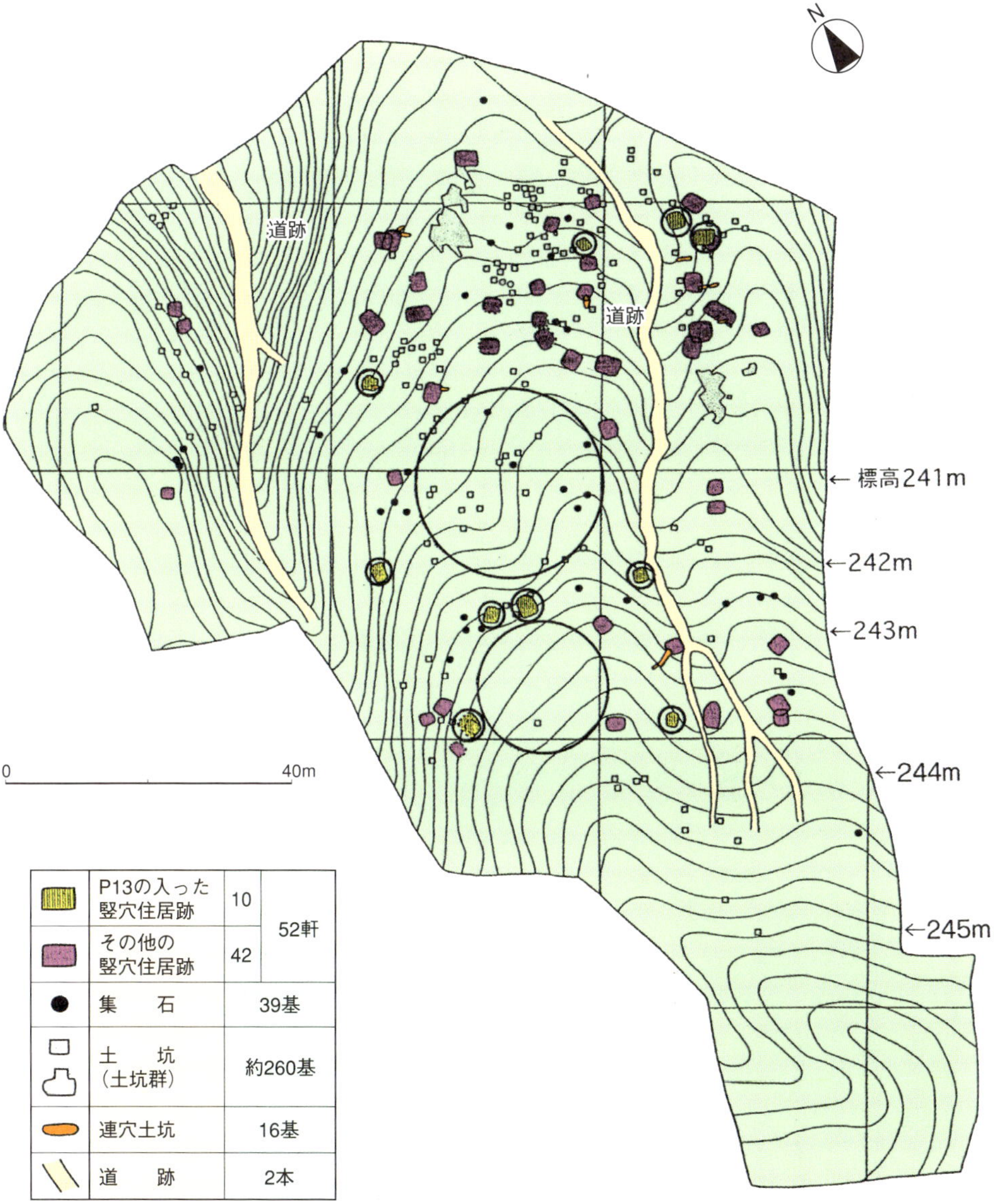

	P13の入った竪穴住居跡	10	52軒
	その他の竪穴住居跡	42	
	集　石	39基	
	土　坑（土坑群）	約260基	
	連穴土坑	16基	
	道　跡	2本	

図 19 ● 上野原遺跡の縄文時代早期前葉の集落跡
当初は、このように桜島起源の P13 火山灰の入った住居跡は総数 52 軒のうち 10 軒と考えられていた。

円筒土器とよばれるもので、貝殻で刺突文などをつけた円筒形や角筒形で平底を呈するものである。石器は、石鏃《せきぞく》や石斧《せきふ》もわずかにみられるが、石皿や敲石《たたきいし》、磨石などの出土量が多い。南九州では、縄文時代初期の頃から石皿や磨石などの植物質の食料加工具の出土が多く、この地域の縄文人は早くから豊かな森に強く依存していたことがうかがわれる。

この集落は、いずれも約一万一五〇〇年前の桜島起源の薩摩火山灰（Ｐ14）が堆積した後につくられている。さらに重要なことは、五二軒の竪穴住居跡のうち一〇軒（発見当時の解釈）程度の竪穴内に、約九五〇〇年前の桜島噴出の火山灰（Ｐ13）が埋まった状態で発見されたことである。つまり、この火山灰層の発見によって集落の年代が判明するとともに、一時期に一〇軒程度の集落が形成されていたことも明らかになった。

そして、一九九九年一月一四日、「南九州地域における定住化初期の様相を典型的に示す大集落で、日本列島の縄文時代の開始期を知る重要な遺跡」として、国の史跡に指定されている。

3　縄文時代最古のムラの実像

竪穴住居の大きさ

上野原遺跡のⅣ工区で発掘調査された集落跡は、竪穴住居跡五二軒、石蒸し料理施設とされる集石遺構三九基、燻製施設とされる連穴土坑一六基、用途不明の土坑一七五基以上、道跡二筋などで構成されていることはすでに述べた。

竪穴住居跡は、南北にのびる二筋の道跡の両側の微高地上に構築されている。竪穴住居跡の平面形は隅丸方形《すみまるほうけい》と長方形の二つがある。竪穴住居跡は、竪穴内に柱穴《ちゅうけつ》は存在せず、いずれも竪穴をとりかこむ形で外側に検出されるめずらしいタイプである（図20・21）。平面形の大きさは最小のもので二×一・五メートルで面積は約三平方メートルから、最大のものは約四・四×三・五メートルで面積は約一六平方メートルのものが存在している。一〇平方メートル以上の比較的大型のものは一〇軒で、五〜一〇平方メートル以下の小型のものが三四軒ともっとも多く、この規模が一般的な大きさと考えられる。

このように、住居跡の竪穴部分は意外に小さく狭い。長期間の定住生活には不便を感じる広さでもある。同時期の鹿児島市の加栗山《かくりやま》遺跡の一七軒の竪穴住居跡の面積の平均も八平方メートルと狭く、上野原遺跡とほぼ同様な狭い面積である。

しかし、上野原遺跡の場合、竪穴の周囲をとりか

図 20 ● **上野原遺跡の住居跡の掘り下げ状況**
竪穴住居内の、十字状の土手の中央の黄色の火山灰が、
約 9500 年前の桜島起源の P13 火山灰。

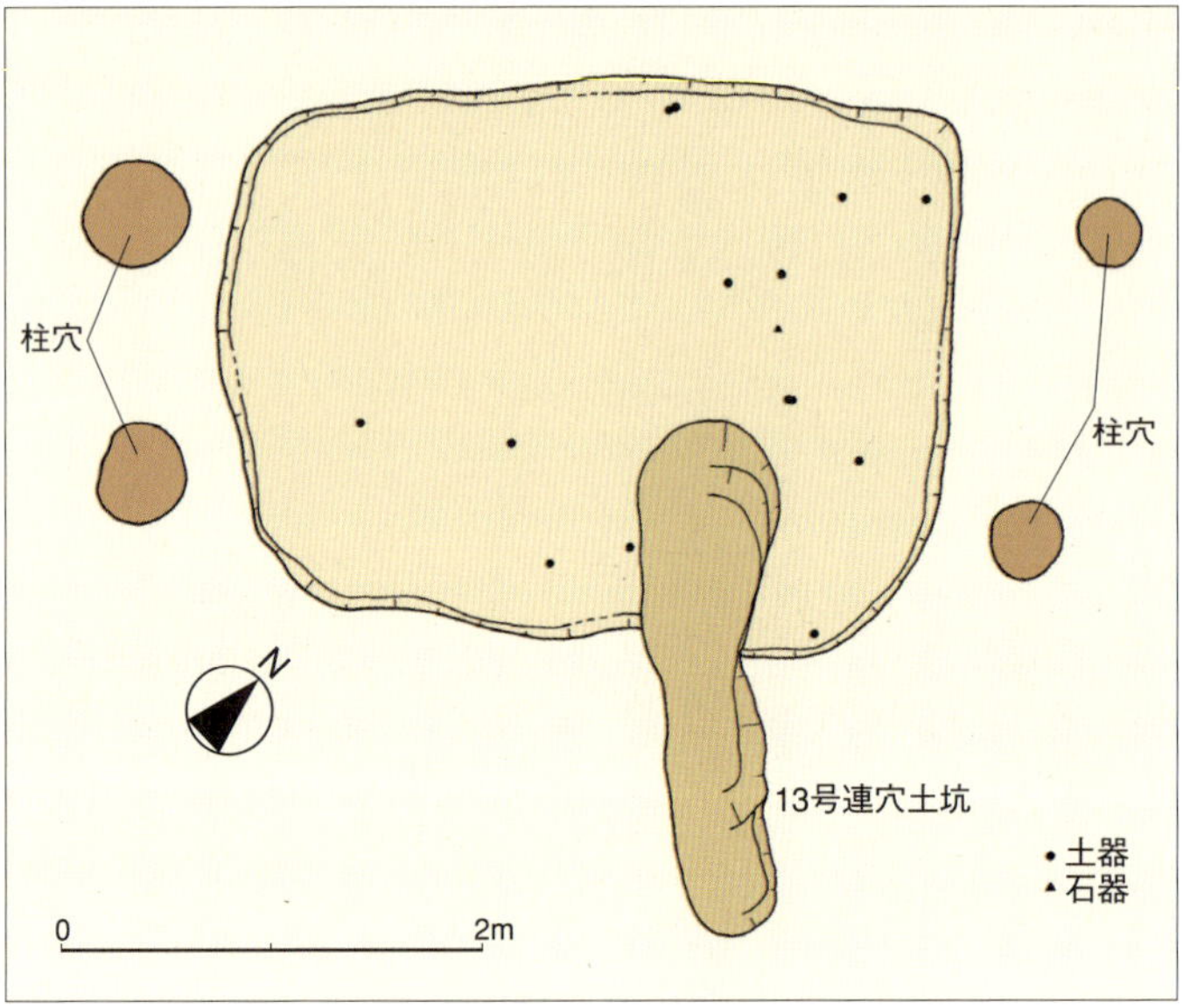

図 21 ● 上野原遺跡の 31 号竪穴住居跡実測図
竪穴住居廃墟後、竪穴住居を利用して 13 号連穴土坑がつくられている。まわりには竪穴住居の柱穴がめぐる。

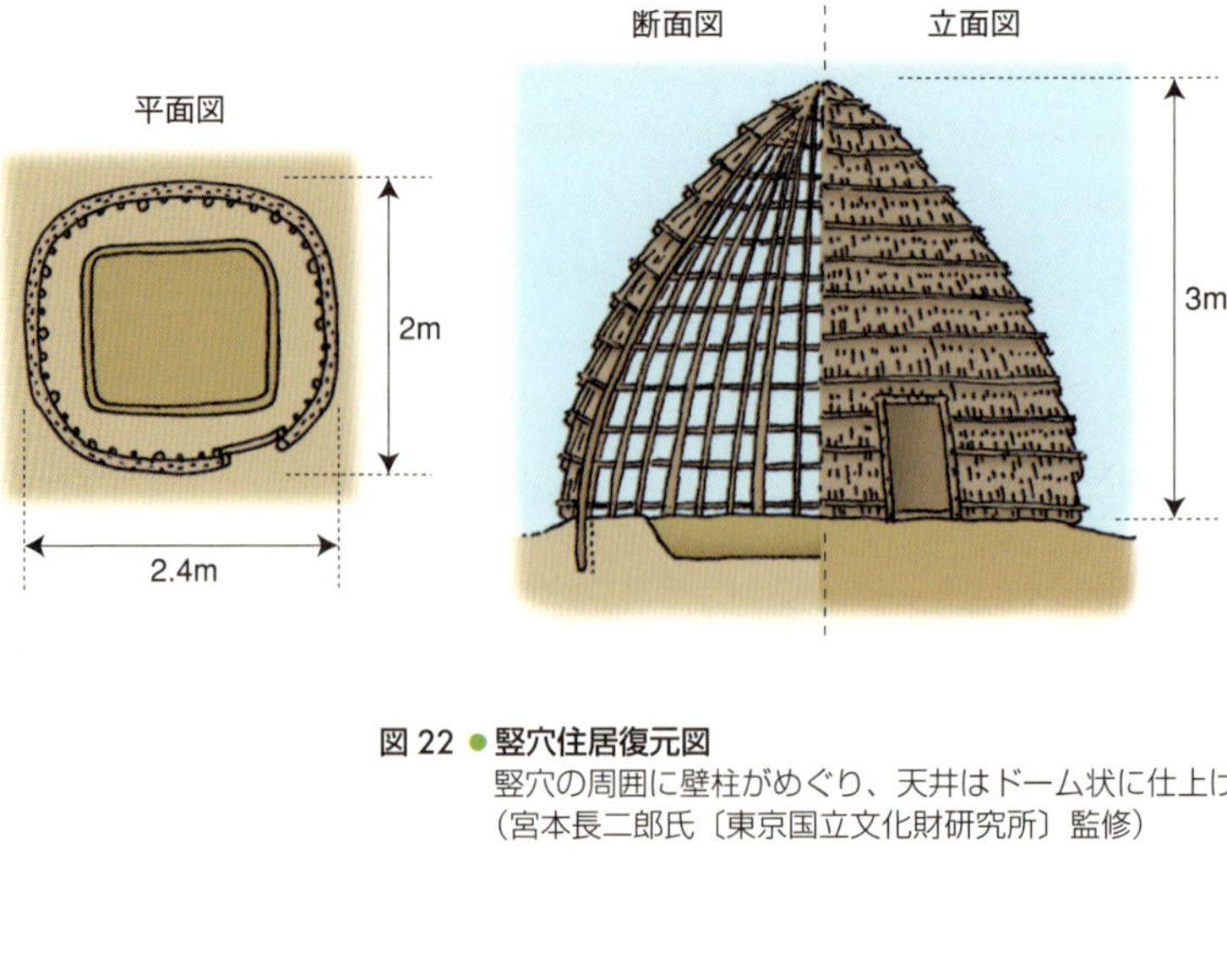

図 22 ● 竪穴住居復元図
竪穴の周囲に壁柱がめぐり、天井はドーム状に仕上げる。
（宮本長二郎氏〔東京国立文化財研究所〕監修）

こむ柱穴が検出されるものがある。この柱穴を住居の壁柱とすると、かなり広い竪穴住居となる。上野原遺跡では、古代建築学者の宮本長二郎氏の設計をもとに住居を復元し、指定史跡の隣接地で復元公開している（図22）。これは、一般にみられる日本の縄文時代の竪穴住居とは大きく異っている。竪穴内に主柱がないため、とりかこむ壁柱が主柱となり、天井はドーム状に仕上げる。あたかもモンゴルのパオやアメリカ原住民の住居を連想させる家の形である。

発掘調査では、五二軒の竪穴内には火を焚いた炉の痕跡は確認されていない。しかし、竪穴の埋土中からわずかではあるが炭化物が確認されているので、火を焚いた可能性が考えられる。復元住居で幾度も宿泊体験を試みたが、火を焚かなくては暖を保てないようである。何回かの焚き火実験後、炉の痕跡を確認してみたが、焼土等は残らないようである。

集落の規模

この集落は、いずれも約一万一五〇〇年前の桜島起源の薩摩火山灰（P14）が堆積した後につくられている。そして、当初、報道発表や概要報告書では、詳細な分析に至っていないとことわりながらも、竪穴住居の埋土内にP13火山灰（約九五〇〇年前）の堆積が一〇軒程度にみられるところから、一〇軒の同時併存説を提示していた。つまり、これは、この火山灰層によって一時期の集落の廃棄された年代が判明するとともに、一時期に存立する竪穴住居の軒数がわかる可能性があるという、大きな成果が得られた。

その後、集落の調査を担当した黒川忠広氏らを中心に本格的な報告書作成のための整理作業や検討作業がおこなわれ、竪穴住居については、住居跡の埋土の詳細な検討や出土土器の分析などによって、竪穴住居の変遷過程が細かく検討されている。それによると、竪穴住居跡の住居が埋まっていく過程の埋土パターンはつぎの四つに分けられている（図23・24）。

まず、最初のパターンAは、桜島起源のP13火山灰の堆積や混入が埋土にまったくみられない竪穴住居跡である。つぎにパターンBは、一次の純粋な火山灰の黄色パミスのP13火山灰が埋土に堆積した竪穴住居跡である。つぎのパターンCは、白色パミス化したP13火山灰が埋土に密集して堆積している竪穴住居跡である。パターンDは、白色パミス化したP13火山灰が埋土に浮遊あるいは散在して堆積しているタイプである。以上、四つの埋土のパターン化を試みて、同時存在した住居群の分析をおこなった。

すなわち、パターンAは、P13火山灰降灰以前で、九五〇〇年以前の住居跡と考えられる。つぎのパターンBは、堆積していた黄色パミスは一次堆積の火山灰であり、竪穴住居の使用直後の住居廃棄時にP13火山灰が堆積した状態と考えられる。パターンCとパターンDの白色パミスは二次堆積の火山灰であり、埋土内の密、粗の状態によって古（パターンC）→新（パターンD）に区分される。さらに、パター

パターン	住居数		時期	立替回
パターンA	13軒	6～7軒	9500年以前	1
		6～7軒		2
パターンB	6軒	6軒	9500年の噴火時	3
パターンC	6～7軒	6～7軒	9500年の噴火後	4
パターンD	26軒	6～7軒		5
		6～7軒		6
		6～7軒		7
		6～7軒		8
計	52軒			8回

図23 ● 埋土パターンA～Dからみた住居の時期と建替

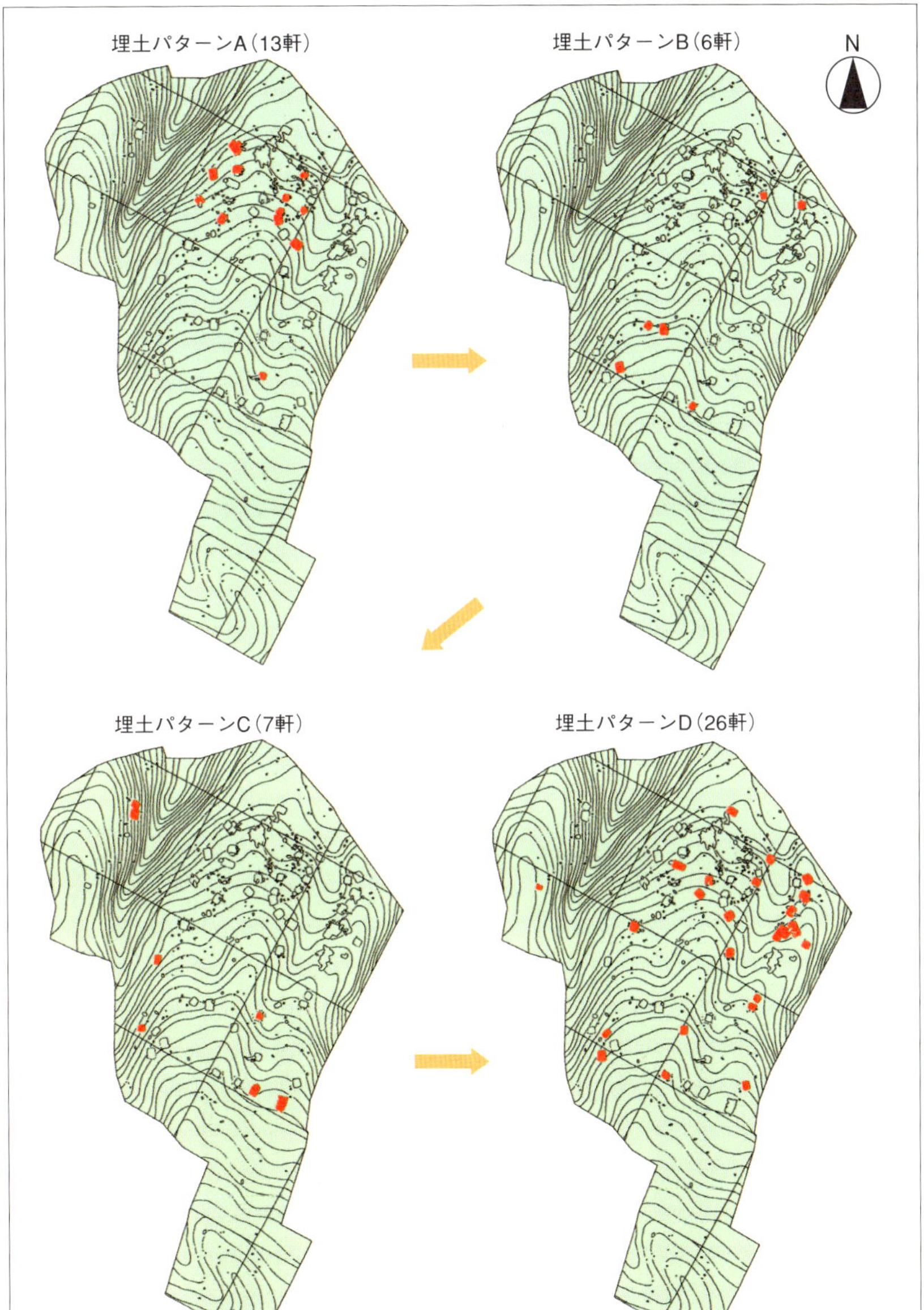

図 24 ● 上野原遺跡の竪穴住居の埋土パターンの変遷
52 軒の住居跡は、桜島起源の P13 火山灰の堆積や混入から
パターン A から D の 4 つに分けられる。

ンBの黄色パミス中には遺物はとり込まれないが、パターンCとパターンDの白色パミス中には遺物が出土する状況からも、火山灰の堆積パターンの状況をうかがい知ることができる。

その結果、パターンAは、火山灰降灰以前を一括した住居跡で、一三軒を数える。パターンBは、火山灰の降灰直前に廃棄された住居跡であり、最大六軒程度の存立が考えられる。パターンCは、降灰からさほど年月の経たない段階の住居跡で、近接したものをはずして最大六軒程度となる（総数七軒）。パターンDは、その後を一括した住居跡で二六軒を数えることになる。

このような分析から、パターンBの火山灰降灰直前に廃棄された住居跡六軒を「同時併存する住居」とし、最小単位とするならば、パターンAの火山灰降灰以前には、二回程度の建て直しが考えられる。パターンBとパターンCでは各一回で、パターンDの段階には四回程度の建て直しをおこなったことが想定でき、この集落は計八回程度の建て直しの変遷があったことを想定することが可能になると分析している。

最古のムラの存続期間

つぎに、この集落の使用期間を竪穴住居跡群と共伴する土器型式によって推測してみたい。上野原遺跡の集落全体の範囲内では、1類から18類の一八に類別された土器型式が出土している。

そのなかで最古のといえる段階の集落の出土土器は、竪穴住居内の土器や出土層位から、3

類土器が住居跡群にともなう時期のものとされている。その3類土器は、施文の特徴からみて、aからeの5タイプに細分できる。3類土器の前後の土器型式は、1類土器と2類土器が「前平《まえびら》式土器」であり、4類土器が「吉田式土器」に該当する。前後の土器型式は、3類土器とは明らかに異なる型式である。住居跡群にともなう3類土器は、筆者のいう「知覧《ちらん》式土器」であり、また「加栗山式土器」ともよばれるタイプである。いずれにせよ、ほぼ一型式におさまる土器型式である。

それでは、一型式におさまる上野原遺跡の五二軒で構成される集落の存続期間はどの程度であるのか、重要な課題である。かつて筆者は、南

図25 ●復元された上野原縄文集落
桜島起源のP13火山灰の入った住居跡10軒が1時期の住居群として復元された。

九州の早期の土器型式の存続期間を、当時判別していた土器型式数から整理したことがある。早期の前葉、中葉、後葉の三期にそれまで判明していた土器型式は、各四段階（型式）の計一二段階（型式）が存在することを考えたことがある。南九州の早期の約四五〇〇年間に一二段階が存在すると考えると、一段階は三七五年間にもおよぶ存続期間となり、一型式の期間としては長いことが考えられる。まだまだ新型式の発見や型式の細分化が図られなければならない。

上野原遺跡の集落では、住居址群のなかで八回程度の建て直しが想定されたが、先の年数から単純に計算して、一回の建て直しまでの期間は約四七年間となる。耐久性の短い竪穴住居にしては、途方もない長い期間である。上野原遺跡の住居跡にともなう土器型式は、一型式内の一部の期間なのか、あるいは早期全般の一二段階がさらに細分化された一型式なのか、これまで判明している土器型式では把握し

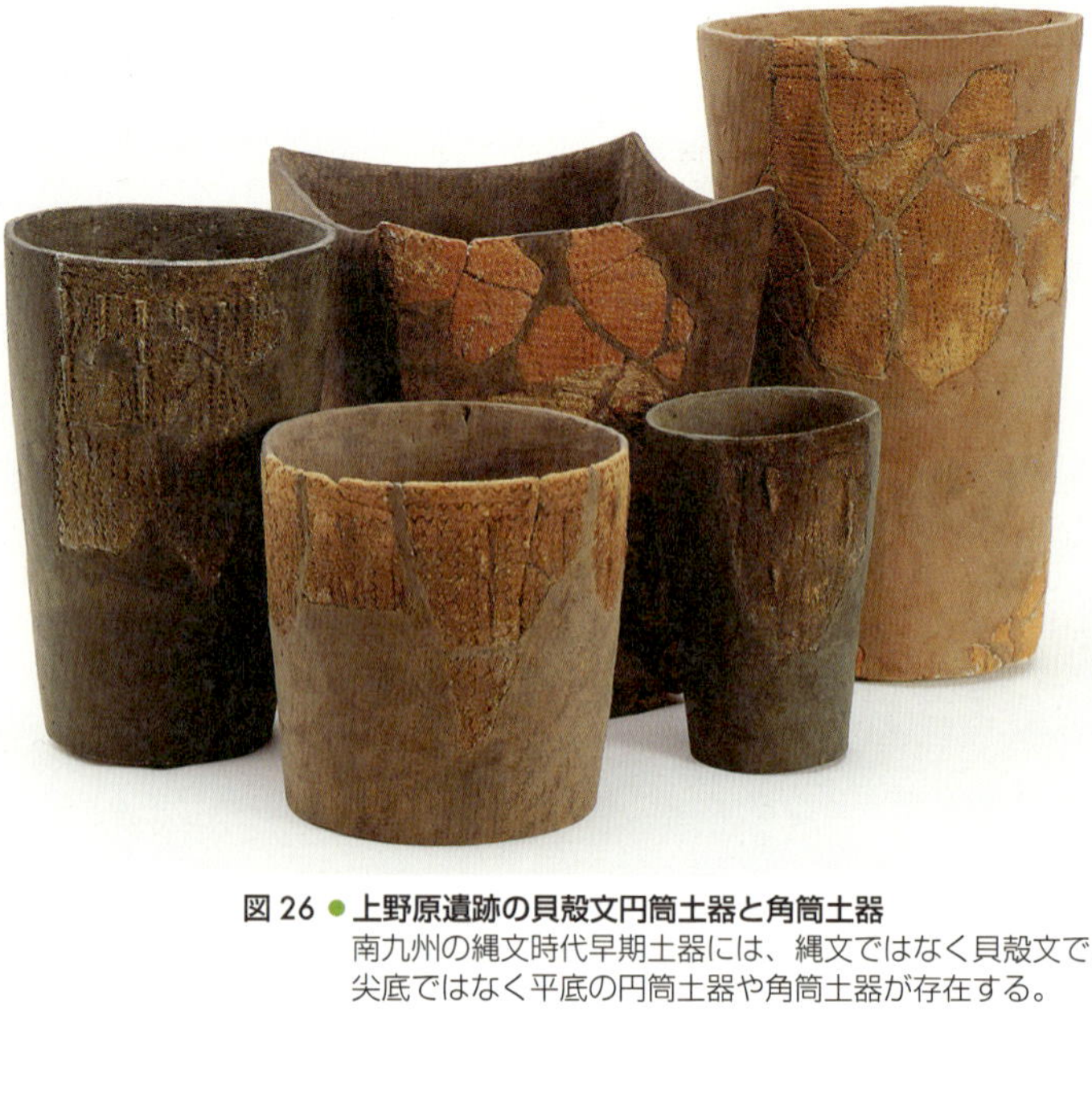

図26 ● 上野原遺跡の貝殻文円筒土器と角筒土器
南九州の縄文時代早期土器には、縄文ではなく貝殻文で、
尖底ではなく平底の円筒土器や角筒土器が存在する。

きれない状況である。しかし、この縄文時代の初期といえる古い段階のムラとしては、かなり長期間、安定した定住ムラであったと予測することは許されようか。

4　豊かな定住生活を示す諸施設

保存食の調理施設としての連穴土坑

上野原遺跡の集落を構成する主要な遺構には、竪穴住居跡のほかに、調理施設としての連穴土坑（炉穴）と集石遺構がある。

連穴土坑は、大きな穴と小さな穴の床面がトンネル状に連なったもので、大きな穴の小さな穴寄りの床面や壁に焼土が確認されている（図27）。単独で発見される場合もあるが、竪穴住居と切り合ったり、延長上に重なって発見されることもたびたびある。上野原遺跡の連穴土坑は、パターンＢの段階の黄色パミスが埋土に充満するものが三基確認され、住居約六軒の単位集団に三基程度の連穴土坑を保持していたことが想定される。

上野原遺跡では、五二軒の竪穴住居跡の範囲内に連穴土坑が一六基検出されている。国指定史跡の遺跡保存のためこの内四基を半裁して形態・構造を確認した。なお、一六基の内、単独で検出されたものは８号のみで、残りの一五基はすべて竪穴住居跡と切り合うかたちで検出されている。１号・２号連穴土坑は、７号竪穴住居跡と切り合っており、埋土には桜島起源のＰ13火山灰が堆積している。ここでの関係は、７号竪穴住居跡↓２号連穴土坑↓Ｐ13火山灰の降灰の順序が確認されている。なお、P13火山灰は埋土の約三分の一を占め七層に分層されている。

6号・7号連穴土坑は、26号竪穴住居跡の東壁と切り合って検出されている。これらの関係は、26号竪穴住居跡→7号連穴土坑→6号連穴土坑となり、最後の6号連穴土坑はブリッジが残存し、その下の床面が被熱して赤変硬化している。埋土中には、P13火山灰の白色粒パミスが確認されている。

11号連穴土坑（図28）は、37号竪穴住居跡の南東壁とほぼ接して検出されている。竪穴住居跡と接する部分の壁面が攪乱されているため、竪穴住居跡との新旧関係ははっきりしないが、連穴土坑の埋土上面にはP13火山灰のパミスが厚く堆積しているのに対し、37号竪穴住居跡のそれには黄色や白色パミスの層はなく、この遺構プランの延長であった可能性が考えられている。

こうした連穴土坑がおもに何に使われ、上野原ムラの人びとの生活と文化のうえにどんな役割を果た

図27 ●桜島起源のP13火山灰の入った連穴土坑
パターンBの黄色パミスが埋土に充満するものは3基あり、一期に3基程度利用していたことになる。

し、またどんな意義をもっていたかについては、第4章で、南九州全体、そして本州との関連を考えながら、ややくわしく述べたい。

多数の集石遺構と土坑

集石遺構（図29）は、総数約一〇〇基程度が発見されているが、そのうち五二軒からなる集落にともなうものは三九基である。検出時に明瞭に掘り込みが確認されたものが九基存在している。

集石遺構とは、いわゆる蒸し焼き調理場である。直径一メートル程度のくぼみを掘り、そのなかに比較的扁平な石を敷き、その上で数十個の拳大の石を一時間程度焼く。そして、焼けた石のなかに、バナナの葉っぱなどで包んだ動物肉や魚肉を入れて、その上から土をかぶせて、さらに一時間程度待つと、蒸し焼き料理ができる。ニューギニアなど世界の民族例に残る古代の調理方法である。

集石遺構のなかには、掘り込みがあって石が残って

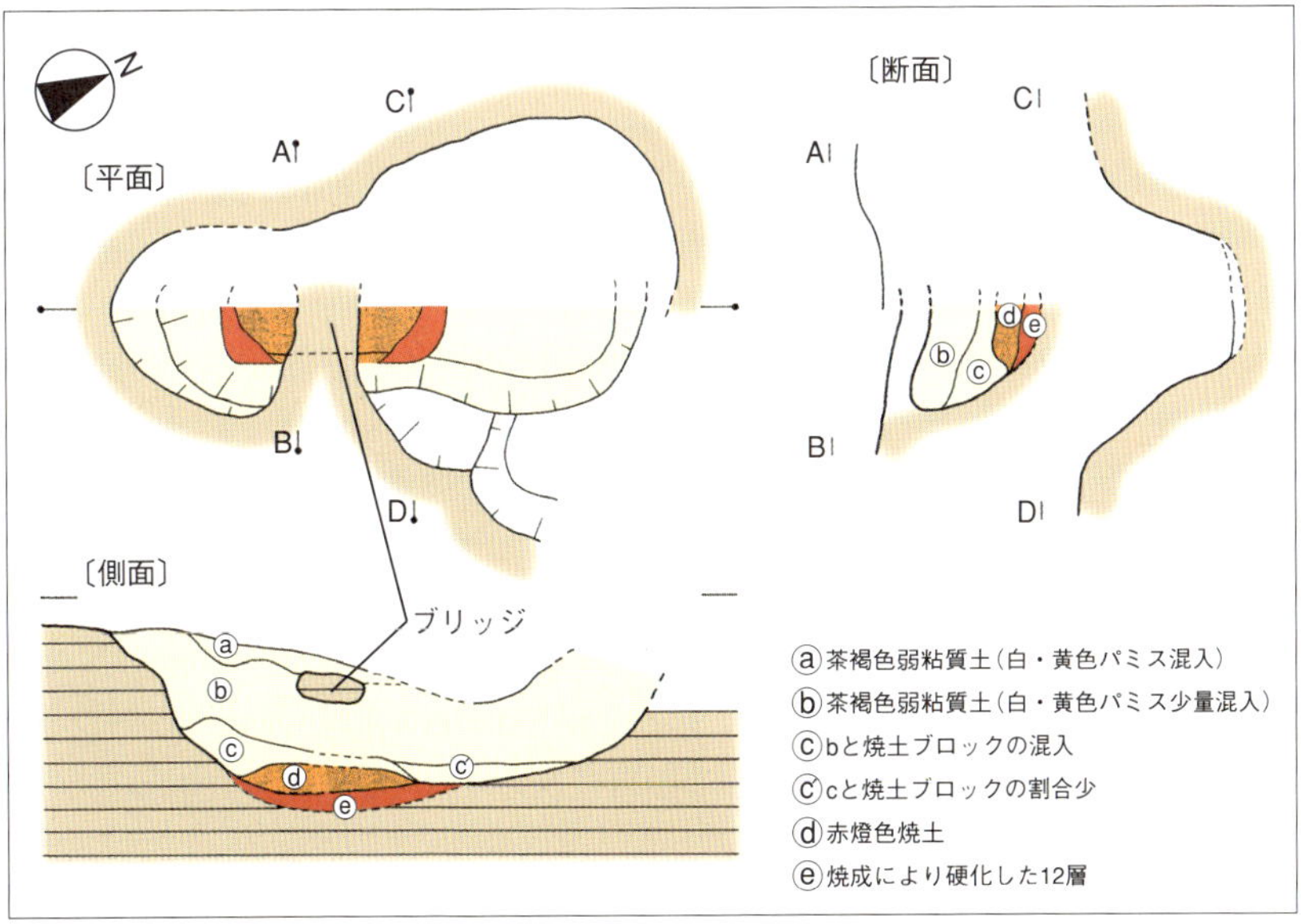

図28 ● 11号連穴土坑実測図
残存するブリッジの下には、火を焚いた跡の赤褐色の厚い焼土が存在する。

いるもの（これが本来の集石遺構か）、平坦なところに石を集めたもの（つぎのために準備しているものか）、石が散在しているもの（使用後放置されたものか）がある。集石の多くは加熱の痕がある。

そのうちの一つの26号集石は、植物珪酸体《けいさんたい》（プラント・オパール分析）と脂肪酸分析法による化学分析をおこなっている。珪酸体分析は古環境研究所によって、26号集石遺構は三個の分析をおこなっている。結果は、各試料ともクマザサ属型やタケ亜科の棒状珪酸体が多量に検出されている。ウシクサ属やミヤコザサ節型も比較的多く検出されている。また、エノコログサ属型やキビ族型、モロコシ属型、ジュズダマ属型、ススキ属型などのイネ科、およびブナ科（シイ属）やクスノキ科などの樹木（照葉樹）も検出されている。集石遺構が使われた当時の植生を知る、重要な分析結果である。

帯広畜産大学生物資源科学科の分析によれば、アユのような魚類や、タヌキのような動物、モズ、ツグミ

図29 ● **集石遺構**
集落にともなう集石遺構は39基発見された。蒸し焼き料理の調理場。

のような野鳥の脂肪とも類似しているとのことである。

土坑は一七五基検出されている。土坑の形は、円形、楕円形、方形、長方形の四タイプがある。そのうちの方形土坑に属する一例についての脂肪酸のステロール分析では、坑の中央部にヒトの腹部が位置していた可能性を推定しており、土坑には墓もふくまれていたと考えられる。

ムラのなかを通る道の跡

道跡は、二筋確認されている（図19参照）。道跡1は、住居群が集まる台地上に存在するもので、住居と住居をつなぐ道でもあり、そのため複数の支線状に分かれている。台地上の道跡は、若干の谷状の地形を示し、他の遺構（住居跡など）との重なりがほとんどなく、長期間存在したことが考えられる。道跡は、幅八〇センチから五〇センチ程度のもので、踏み固めた硬化面はないが、谷状にくぼんで黒ずんでいる。平常は道であるが、雨期には台地上の住居間の雨水を流す排水溝の役目をなす溝とも考えられる。

道跡2は、西側の谷状地形で、かなりの急勾配で北側の調査区外へのびている。住居跡の存在する台地の下の大きな谷部に存在する道跡で、幅一メートル以上の大きな道跡である。これも道跡1と同じく平常は道であるが、雨期には溝の役目をなすことが考えられている。

二つの道跡は、北側で一つになり、上野原台地の北側の中腹（約三〇〇メートル）にある湧水地へのアクセス道と想定されている。現在、上野原台地には、南、西、北の三カ所に湧水地が確認されている。

第3章　早咲きの南九州縄文文化

1　成熟した初期縄文文化

列島各地に先がけて出現した文物

前章で概観した最古の定住集落である上野原縄文ムラの姿は、それが一万年前〜九〇〇〇年前（縄文早期前葉）という古さにもかかわらず、集落の規模とその継続年数、さらに安定した定住生活の痕跡を残す連穴土坑や集石遺構、道跡の存在によって、発見当初から考古学界では、それまでの常識を超え、縄文時代観の変換を迫るものとして注目されてきた。

その後さらに調査が進み、出土遺物の特徴やムラのなかのさまざまな遺構の性格が明らかになると、日本列島の他地域ではみられない、初期の縄文文化の成熟した様相に、だれもが驚嘆のことばを禁じえなくなった。

本章では、その驚嘆すべき早咲きの縄文文化の様相を知る資料のいくつかを、上野原遺跡を主としながらも、南九州全体に視野をひろげて、その概要を紹介しよう。

南九州の早期後葉（約七五〇〇年前）には、在地性の非常に強い「平栫《ひらがこい》式土器」とよばれるもっとも華麗な深鉢形《ふかばちがた》の土器が発達しているが、この土器が使われた時期には注目すべき現象がみられる。まず、深鉢に壺形土器がセットとして登場し、上野原遺跡のようにしばしば土坑に埋納されている（図30）。さらに土偶や異型石器、土製耳飾りなどの祭器や装飾的な道具も多数出土するようになる。

これまで日本列島での壺や耳飾りなどの出土の最盛期は縄文時代後期から晩期頃とされているが、南九州では早期後葉の段階ですでに出そろっており、その点ではこの時期に縄文文化の成熟期を迎えたことになる。このように南九州は、早期の段階にはすでに安定した生活のなかに、高度な精神文化をもった縄文社会が形成されていたことがうかがい知れるのである。

その後約六四〇〇年前に、屋久島の北の海底で完新世最大といわれる鬼界カルデラの大爆発が起こり、火砕流や火山灰は海を越えて南九州を覆い、日本列島南部には厚いアカホヤ火山灰層が堆積している。そしてこの火山

図30 ● 対の壺形土器の出土状態
完全な壺形土器が土坑のなかから埋納された状態で出土した。
上野原遺跡では高台の11カ所に土器が埋納されていた。

の爆発によって、成熟した南九州の縄文文化は消滅したことが、火山灰層の上下の文化の違いから想定できるのである。

なお、一九九二年度からおこなわれた上野原台地南東部のⅢ工区からは、約七五〇〇年前頃(縄文時代早期後葉)の多数の遺構や多量の遺物が出土している。遺構は石蒸し炉とされる集石遺構が二〇〇基以上も発見され、さらに対で土坑に埋納された完形の壺形土器(図31)を含めて一二個の完形土器の埋納遺構が発見されている。周辺からは土偶や耳飾り(土製・石製)、用途不明の土製品、異形石器など祭器的な様相がみられる遺物が多数出土し、精神文化の高さをうかがい知ることができる。

図31 ●埋納されていた対の壺形土器
口縁部平面形が四角(奥)と丸形(手前)がある。
二個とも完全な壺形土器で、奥は高さ52cm。

特殊な性格をもつ遺物埋納遺構

石器埋納遺構　同一器種の石器が複数まとまって発見される例がある。石材や石器の集積および埋納の遺構があるが、黒曜石原石集積遺構(一カ所)と、磨石集積遺構(四カ所)、石斧埋納遺構(六カ所)の三種がある。

黒曜石原石集積遺構は、鶏卵大の四個の黒曜石の原石(石器石材)がまとまって出土した。

意図的に集積された状態で、遺棄もしくは忘れられたものと想定している。

磨石集積遺構は、四カ所発見されている。いずれも意図的に集積された状態で、遺棄もしくは忘れられたものと想定している。一号は四個の磨石で、二号は二個、三号は三個、四号は三個の磨石で構成される集積遺構である。

石斧埋納遺構は、六カ所発見されている。石斧の場合は出土状況からみて、自然に土中に埋蔵されたと理解するよりは、土坑中に埋納したと考えている。1号は二本の大型石斧で、2号は四本の中型石斧、3号は大型一本と中型三本と小型一本の計五本（図32）、4号は中型三本と小型一本、5号は中型二本、6号は大型一本と中型二本と小型五本の計八本でそれぞれ構成されている。このなかで、3号と6号は埋納土器の集中するS―11区の出土であり、他の埋納土器との関連が注目されている。

石斧の埋納について、佐原眞氏の興味ある解釈がある。佐原氏によると、死者に副えて品物を墓に葬ることを「副葬」とよぶのに対して、墓以外の場所に品物を埋め納めることを「埋納」とよび、区別している。

埋納には、盗まれないように隠す、交易の品物を分かれ道のそばなどに一時的に埋めておく、青銅器の鋳物師が道

図32 ●石斧の埋納遺構（3号）
石斧大型1本、中型3本、小型1本の計5本の出土。石材は頁岩とホルンフェルス。大型石斧は長さ18.3cm。

具一式を埋めておく、神霊に捧げるために埋める等々、いろいろな目的があるという。鹿児島県でも、縄文時代早期の南さつま市の栫《かこい》ノ原《はら》遺跡（石斧三本）、霧島市の界子仏《がいしぼとけ》遺跡（石斧四本）、縄文時代中期の曽於《そお》市の前《まえ》ノ谷《たに》遺跡（石斧三本）などが知られている。パプア・ニューギニアの民族例にみるように、一人の男が石斧を一つもち、予備の複数の斧身を埋め隠した結果かもしれない。

石器の埋納遺構については、石器の道具箱という解釈がある。全国の道具箱の研究をおこなった赤沢威氏によると、東北日本の三五遺跡の石器箱では、石匙《いしさじ》や石錐《せきすい》、スクレイパーなど「食料物資の解体処理」の道具と骨角器類の製作用の工具が主体とのことである。中央日本の四四遺跡の石器箱では、住居をつくるための斧や漁網用の錘が目立つという。西日本の一九遺跡の石器箱には、打製土掘具や製粉具の石皿・磨石など地下茎植物の調達用の道具が主体とのことで、南北に長い日本列島の縄文文化の地域相を知るおもしろい解釈である。

土器埋納遺構　上野原遺跡では、「天道《てんどう》ヶ尾《お》式土器」から「平栫式土器」の早期後葉の前半期（報告者は四段階に細分）の土器型式に、多量の壺形土器が伴出している。そのなかに、一一基一二個（壺形土器は一一個）の土器の埋納遺構が発見されている。これは、天道ヶ尾式期の埋納土器が五個、平栫A・B式土器期が四個、平栫C式土器期が三個という三時期に区分して報告されている。そのうち、三基四個体については土器の埋められていた土坑が確認されたが、残りの八個体については土器がほぼ完全な形か、もしくは押しつぶされた形で検出されている。調査担当者がとくに注目する点は、一一個体の土器にススの付着が認められること、土坑の掘り方が土器より一まわり大きく、土器を埋納するだけの大きさであること（図33）、一一基の土器埋納遺構は調査区全体の標高がもっとも高い場所の一角に所在することである。この点は埋納土器の意義を考察するうえで重要な視点である。

精神文化の高さを物語る遺物

土偶　土偶は、縄文時代後期から晩期に多くみられるものだが、これまで鹿児島県内では南さつま市の上加世田《うえかせだ》遺跡の縄文時代晩期の土偶が唯一の土偶であった。それが、上野原遺跡の発掘調査によって一気に縄文時代早期までさかのぼることになった。全国的にも縄文時代早期の土偶は少ない。原田昌幸氏による一九九七年段階の調査では、全国で二〇遺跡一八三個体が知られている。また、三重県の粥見井尻《かゆみいじり》遺跡では縄文時代草創期の土偶も出土しており、土偶の起源がかなり古いことが知られてきた。土偶は、病気やケガの身代わりや

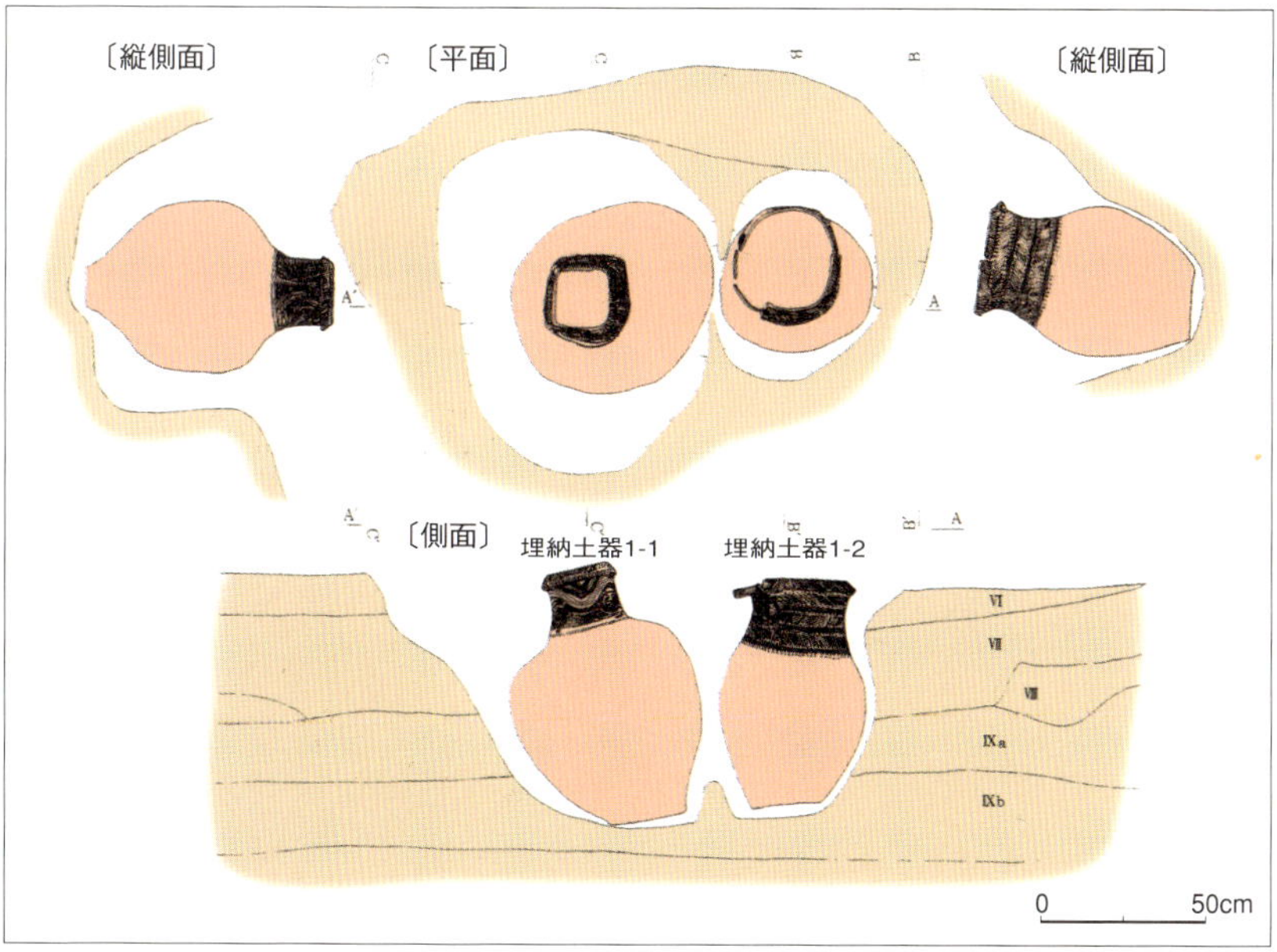

図33 ● **対の壺形土器の出土状況**
埋納された土坑は、上部は長径約120cmの一つの土坑で、深さ約50cm。
下部は二つに分かれて掘られている。

子孫の繁栄、豊かな自然の恵みへの願い・感謝をこめてつくられたと考えられている。

上野原遺跡の土偶（図34）は、板状の土偶であり、高さ五・五センチ、幅五センチ、厚さ一・五センチを測る大きさである。頭部と両腕を突起で表現し、胸には乳房を表現するもので、明らかに女性を表現したものである。また、胸部に横位の細かい沈線が施されているのが観察されるが、この沈線が人体内部の肋骨を表現したものであれば興味深い。

耳飾り　上野原遺跡出土の耳飾りは、ピアスのように耳たぶに穴をあけてつけるもので、土製のものと石製のものがある。土製耳飾りは、環状を呈する輪状耳栓と環状を呈さないで充填した円盤形態の臼形耳栓の二種類が出土している（図35）。耳栓については、全国的に縄文時代中期頃から制作・使用されはじめ、関東・東北地方を中心にピークが後期から晩期である。ところが南九州では、早くから縄文時代早期の段階の耳栓が出土することが知られていたが、全国的には注目されていなかった。それが、上野原遺跡で縄文時代早期の土製の耳飾り一九点、石製耳飾り九点の計二八点がまとまって出土し、一気に注目されるようになった。

土製の耳飾りには、縄文時代早期後葉の平栫式土器にみられる「幾何学文様」や「渦巻き文

図34 ● 上野原遺跡出土の縄文時代早期の土偶
頭部と両腕は突起で、胸には乳房を表現している。高さ5.5cm。

様」「S字文様」などの文様をつけたり、赤いベンガラで彩色したものもあり、縄文人のおしゃれ感覚や精神世界がうかがえる。

土製品　土製品には、土偶のほかに棒状土製品、異形土製品、土製円盤などがある。棒状土製品は、棒状をした土製品で、土偶の手や足とみることができるが、いまのところ不明なものである。異形土製品は、形が三角形や分銅形など特異な形をしたものである。

三角形のパレット形をしたもの（図36）は、片面が皿状にくぼみ、長いほうの一辺には斜め

図 35 ● 上野原遺跡出土の縄文時代早期の耳飾り
ピアスのように耳たぶに穴をあけてつける耳飾り。土製と石製計 28 個出土。最大のものは直径 12cm。

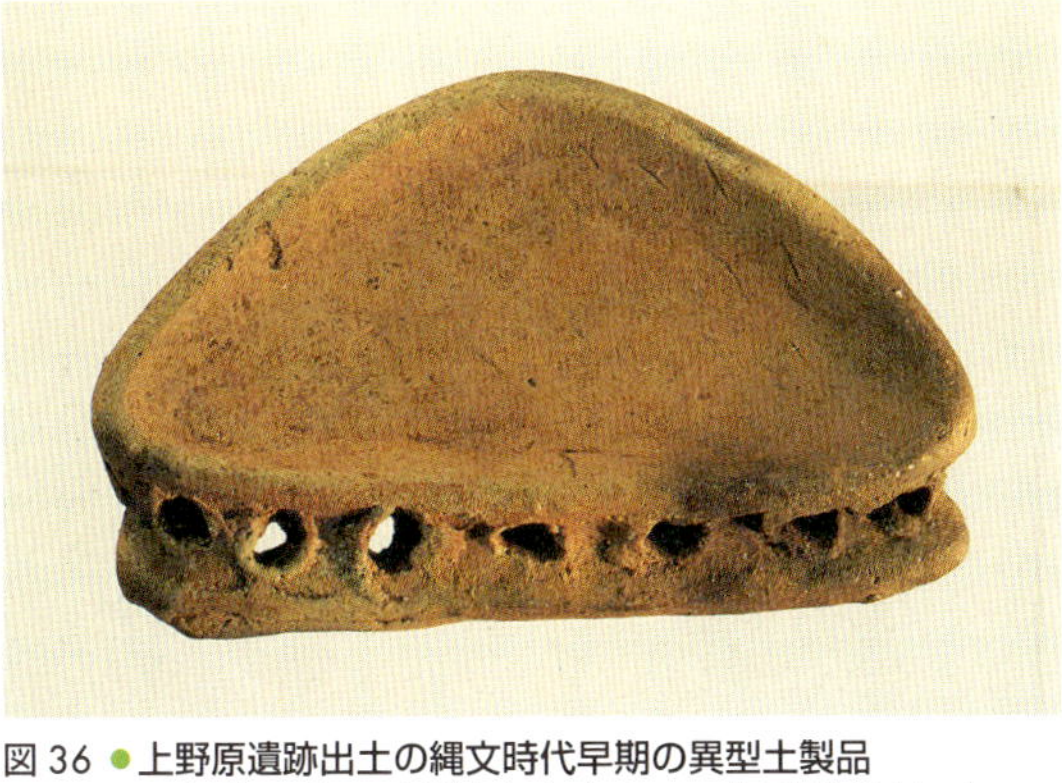

図 36 ● 上野原遺跡出土の縄文時代早期の異型土製品
三角形のパレット形をしたもので、片面が皿状にくぼみ、長い方の一辺には 7 個の穴を配列している。

に貫通した七個の穴を一列に配列しているが、全国的に例がなく用途は不明である。土製円盤は、土器の破片を円盤状に再加工したもので、縄文時代を通じて各期にたくさん出土している。ゲームの道具など玩具とも考えられているが、用途については謎である。

石製品　石製品には、石製耳飾り、石製垂飾《たれかざり》、軽石製品などがある。石製耳飾りは、軽石や凝灰岩を削ったり、すったりして土製耳飾りと同じような形に仕上げたもので、文様や彩色はみられない。石製垂飾は、ごく普通の石に穴をあけて、ペンダント風に仕上げたものである。穴の開け方や用途についても謎であるが、特別な意味のある製品であることだけは間違いない。軽石製品は、軽石をすって形を整え、穴を開けたもので、腰飾りなどの装飾品や祭祀品などが考えられるが、よくわかっていない。

図 37 ● 上野原遺跡出土の縄文時代早期の異型石器
実用ではない石器を総称して異型石器とよぶ。
何に使われたかは不明。左上端の左右 8.2cm。

このように、石製品はいずれも装飾品と考えられるが、現代のアクセサリーとはやや異なり、魔除けや祓いの役割が大きかったものと考えられることから、縄文人の精神文化を理解する手立てとなることが考えられる。

異形石器　石鏃、石斧などの実用的な石器はそれぞれ一定の形に統一されてつくられているが、これらとは異なった形をしていて実用ではない石器を、総称して異形石器とよんでいる。形もさまざまで（図37）、あるものは人形、あるものは動物に似ており、何に使われたかは不明である。石器としては非実用品であり、祭りなどの儀式用と考える向きもある不思議な石器である。

2　南九州で縄文初期に発達した壺と耳飾り

早期の壺形土器の発見

日本列島の縄文時代の土偶や土製耳飾りなどは、約四〇〇〇年前から三〇〇〇年前（後期から晩期）頃の遺跡から頻繁に出土している。そして、この時期が日本列島関東地方以北を中心に縄文文化がもっとも完熟した時期とみられていた。

これに対し、南九州の縄文時代早期に壺形土器を使用していたという事実は、これまでの日本列島の縄文文化観の枠内ではとても考えられないことであり、まさにいままでの縄文土器の見方を変えなければいけないような注目すべき出来事であった。

これまでの縄文土器論では、煮炊きの役割を果たしたのは深鉢形土器だけと考えられてきた。ところが、南九州では深鉢形土器とともに壺形土器も一般的に使用され（図38）、加えて壺を利用した祭りもおこなわれていたという事実が判明し、南九州の縄文時代の生活に、他地域とは異なる背景があると考えざるをえなくなった。そのことは南九州の一現象というだけではなく、壺形土器の役割を考えると、いままでの狩猟や採集社会に依存する縄文時代というイメージを考え直さねばならないほどの大きな問題である可能性もある。

縄文時代の容器は、粘土でつくられた煮炊き用の深鉢形土器が主体に使用され、壺形土器や台付皿形土器（高坏《たかつき》）やその他の器種が出そろうのは縄文時代の終わりから弥生時代の初めと考えられている。ところが、一九七八年、霧島市の中尾田《なかおた》遺跡の調査で、早期の縄文土器のなかに壺形土器の破片が発見され注目された。これが事実上、縄文時代の壺形土器の発見第一号である。その後、一九八八年には、鹿屋《かのや》市の前畑《まえはた》遺跡から、一遺跡としては比較的たくさんの壺形土器が出土した。また、熊本県南部から宮崎県南部と鹿児島県本土を中心とした南九州では多くの遺跡で壺形土器が出土し、縄文時代の古い時期には深鉢土器とともに壺形土器を使用した実態が判明してきた。

とくに注目すべきものに、一九一七年（大正六）以前に宮崎県の漆野原《うるしのはら》遺跡で発見された壺形土器がある。完全な形の縄文時代の壺形土器が発見されたのだが、壺形土器は弥生時代のものとの考えから、長い間、博物館では「弥生土器」として保管されていた。しかし、最近発見が相次いだ縄文時代の壺形土器に形態と文様が酷似するところから見直され、早期後葉の縄文

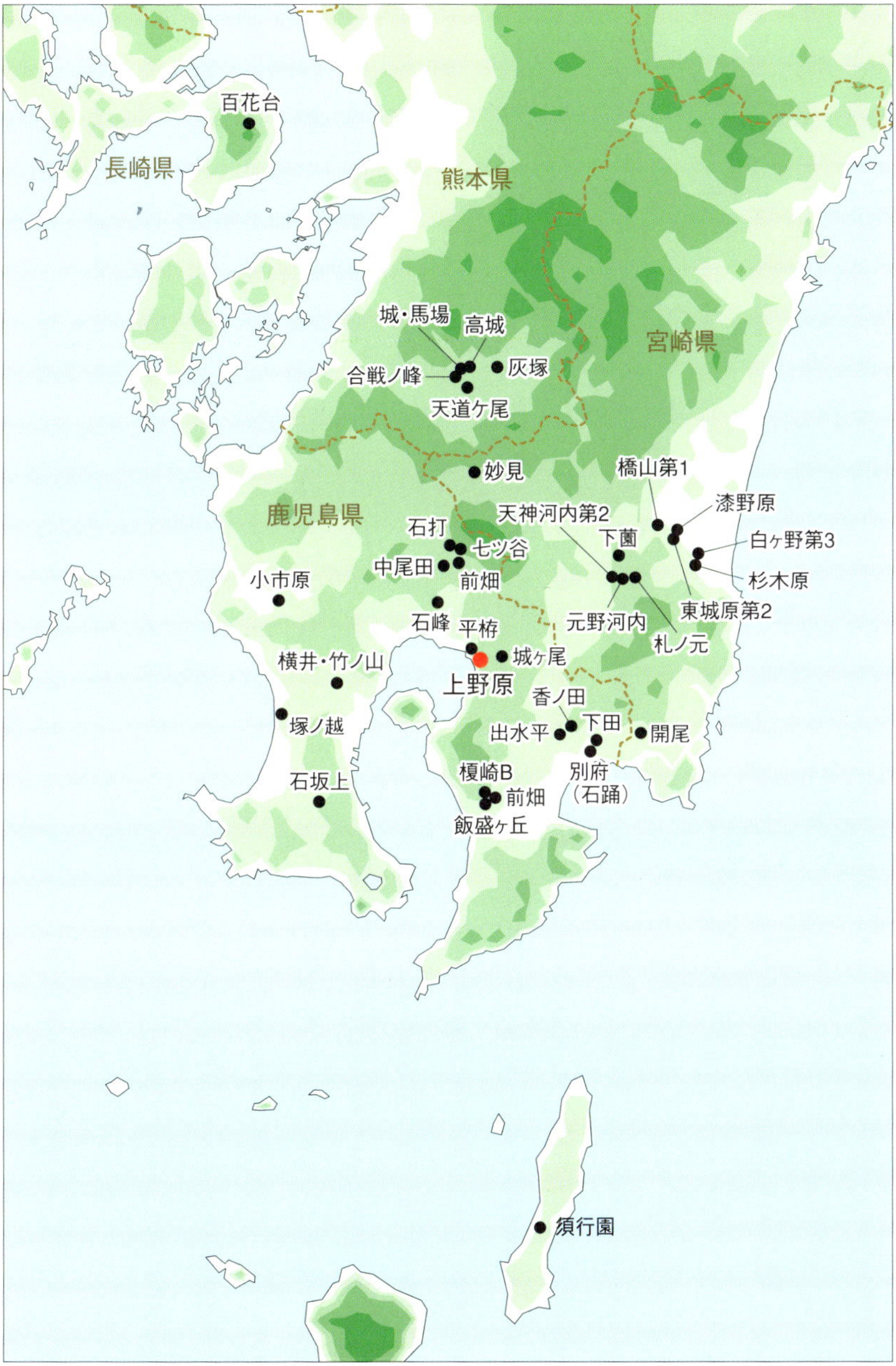

図 38 ● **南九州の壺形土器の出土分布圏**
縄文時代早期の壺形土器は日本列島では南九州だけに存在する。

時代の壺形土器であることが判明した。つまり、弥生の壺ではなく縄文の壺だったのである。

このように縄文時代の早期後葉頃の南九州では、深鉢形土器とともに壺形土器が盛んに使用されていたことがわかってきた。

埋納された壺形土器

上野原遺跡では、先に紹介したように、土坑内に二個並べて埋納された完全な壺が出土し、大きな話題をよんだ。鹿児島湾を見下ろす小高い丘に、何か特殊な意味を示唆するように二個一対の壺形土器は埋納されていた。さらに、周辺には合計一二個の壺形土器などが、同じような状態で埋納されて出土し、周辺からは異形石器とよばれる非実用的な石器などもたくさん出土した。上野原遺跡のこの小高い丘の一角は、上野原縄文人の祭りの場だったことが考えられる。こうして壺型土器への関心が深まると、類例は南九州を中心とする各県に広く分布していることが明らかとなってきた。ここでそれを概観してみよう。

鹿児島県の出土例　鹿児島県の壺形土器の分布は、県本土の手向山式土器や平栫式土器や塞ノ神式土器の出土遺跡のほぼ全域に分布し、二一遺跡を数える。注目すべきは、熊毛諸島の種子島にも存在し、分布圏が離島へもひろがることである。

壺形土器には、器形上、長頸壺と無頸壺がある。壺形土器の埋納が明らかな遺跡は、上野原遺跡と霧島市の城《じょう》ヶ尾《お》遺跡（図39）の二遺跡があり、他は深鉢形土器とセットで出土している。上野原遺跡の出土例は先に述べたとおりである。

城ヶ尾遺跡では、栫ノ原式土器（塞ノ神Ａａ式土器）の深鉢形土器一個と壺形土器三個の完形土器がそれぞれ単独で土坑内から出土している（図40）。いずれも口縁部を上にして直立した状態で埋納されていることが確認されている。本遺跡では、四個の埋納土器のうち、一個が深鉢土器であり、深鉢形土器が埋納された点はとくに注目された。三個の壺形土器の文様は、栫ノ原式土器（塞ノ神Ａａ式土器）にみられる沈線文と微隆起線文をそれぞれ単独に抽出し、二個が沈線文を、一個が微隆起線文を口縁部から肩部へ施文したものである。沈線文をめぐらせる壺は三本を一セットとする沈線を少なくとも六段めぐらせ、それぞれのセットを曲線文で結んでいるタイプである。微隆起文をめぐらせる壺は、口縁部が円形を呈するものの、胴部は楕円形となり大きく外側に張り出している。そのため、底部も円形でなく小判形を呈している。微隆起文は螺旋状ではなく、三本、四本、五本をセットとして環状にめぐらせている。胴部は無文である。

宮崎県の出土例　宮崎県では、大淀川《おおよどがわ》以南の宮崎県南部地域に限られている。その宮崎県の壺形土器の出土遺跡は、札《ふだ》ノ元《もと》遺跡をはじめ一一遺跡が知られている。これまで埋納が発掘調査された例はないが、

図39 ● **城ヶ尾遺跡の埋納土器**
上野原遺跡同様、城ヶ尾遺跡でも4個の土器が埋納されていた。

都城《みやこのじょう》市荒《あら》ケ田《た》の下薗《しもぞの》遺跡採集と漆野原遺跡発見の壺形土器が完形に近い形で採集されており、埋納されていた可能性が高い。

土砂採取場から小学生によって採集されたものが下薗遺跡例で、手向山式期に属することが報告されている。高さ四七センチ、胴最大直径三〇センチ、口縁部径九・三センチを測る壺形土器で、底部付近は若干不明であるが、これまでのところ最大の器体を呈する土器である。口頸部から肩部にかけては沈線文が施文され、それ以下の胴部には山形押型文が施されるものである。器形は山江村の出土品に類似するもので押型文系土器の手向山式土器期に属する。壺形土器ではもっとも古い時期に位置づけることができる。

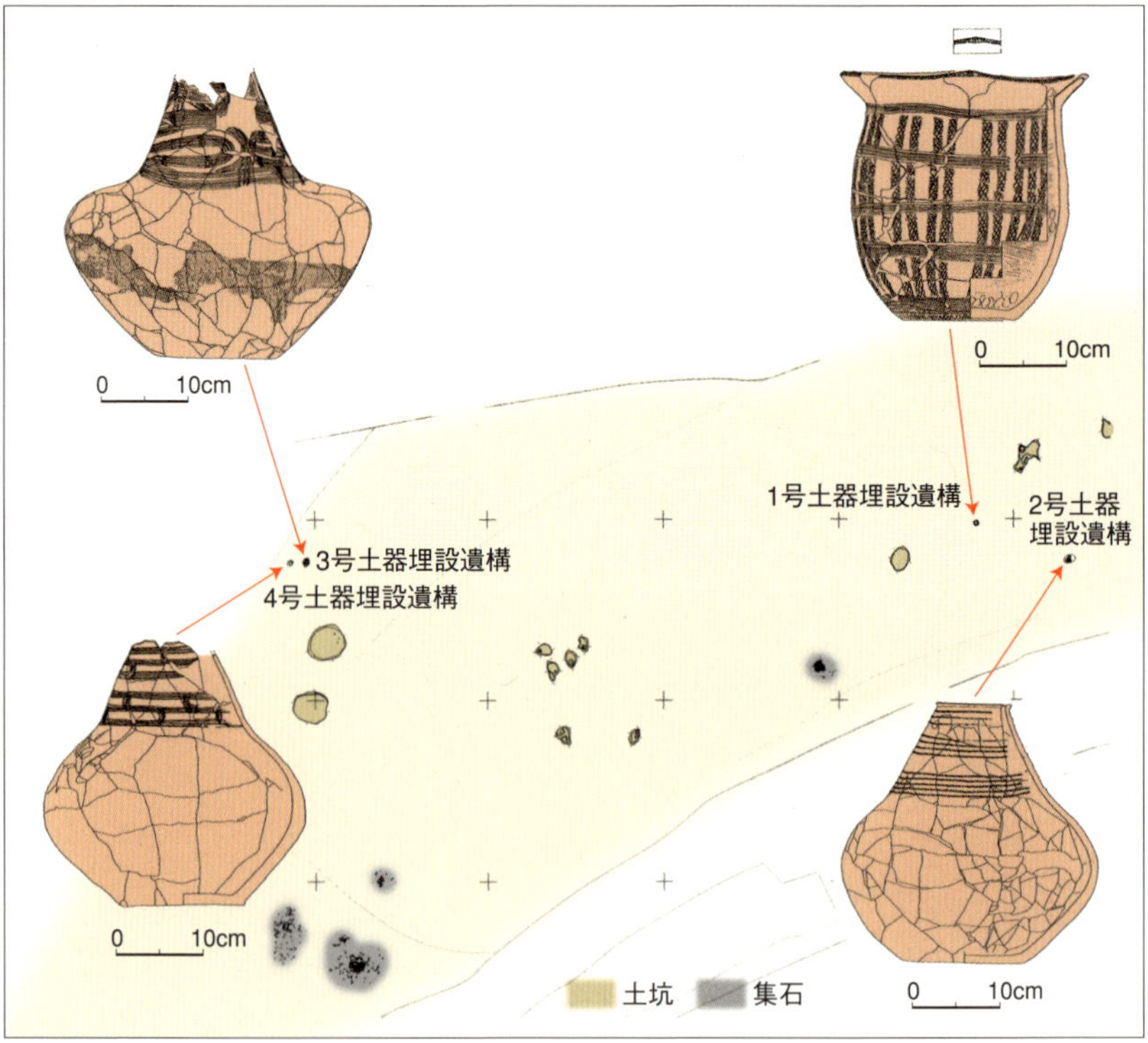

図 40 ● 城ヶ尾遺跡の埋納壺形土器の配置状況
4 個の土器の内、1 号が深鉢土器で他の 3 個は壺形土器。深鉢の埋納土器はめずらしい。

漆野原遺跡の壺形土器（図41）は、さきにふれたように一九一七年（大正六）以前に発見され、宮崎神宮に奉納後、県立博物館設立にともなって同館に寄託されたものである。同館では「弥生時代の壺形土器」として収蔵されていたが、最近詳細な検討がおこなわれ、縄文時代の壺形土器であることが判明した。

器高二八・六センチ、口径六・二センチ、胴部最大径二〇・二センチの完形土器である。文様は口縁部から肩部にかけて施文され、肩部以下は無文である。文様の組み合わせは、刺突のある突帯、刺突文、沈線文、波状文からなる。丸い刺突を施した突帯は口縁下、頸部の中央および下位にそれぞれ横位に一条張り付け、文様帯を上下に二分割し、さらに、四カ所の口縁部の波頂部から縦位に二～三条貼り付けることによって文様帯全体を八分割している。八分割した文様帯には沈線文、刺突文を全面に配し、二分割した上下の文様は対称的な雰囲気をもつ構成をなし、美的に調和している。

このような文様の組み合わせは鹿児島県の前畑遺跡に類例があり、文様の特徴から平栫式土器の壺形土器とすることができる。縄文土器で完全な完形で採集されるのはめずらしく、完形のまま埋められていた可能性が高い。

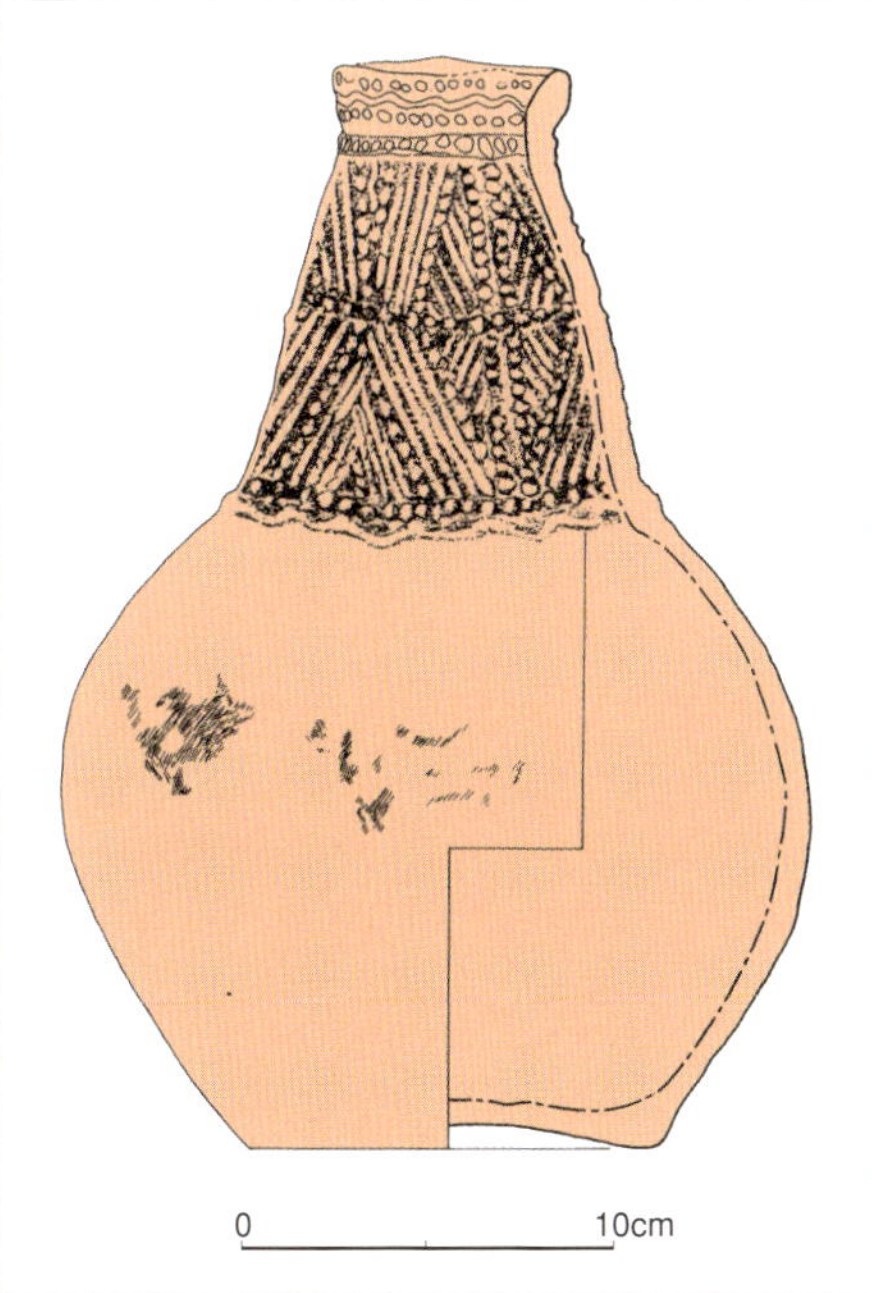

図41 ● 宮崎県漆野原遺跡の埋納壺形土器
1917年に発見され、長く「弥生時代の壺形土器」として博物館に収蔵されていた。

熊本県の出土例　熊本県の壺形土器の出土分布は、これまでの発見では人吉《ひとよし》盆地内に限られている。ただ、熊本県中央部の瀬田裏《せたうら》遺跡の押型文土器期にもあるが、南九州の壺形土器とは形態が異なるため、分布域からは除外した。熊本県の壺形土器の出土例は、人吉盆地内に五遺跡がある。そのうち壺形土器の埋納遺跡は灰塚《はいづか》遺跡があるが、高城《たき》遺跡、城《じょう》・馬《ば》場《ば》遺跡、天道ケ尾遺跡などからは完形に近い良好な多量の壺形土器が出土している。

灰塚遺跡では、壺形土器の特徴がみられるものが四八四点出土している。また、三五基の土坑中、27号、28号、29号、34号の四基の土坑から壺形土器が出土している。とくに、29号土坑から出土の壺形土器は完形に近い資料で、遺構中央部でほぼ床面直上での出土である（**図42**）。上野原遺跡や城ヶ尾遺跡と異なり、楕円形の一まわり大きな土坑の中央寄りからの壺形土器の一括出土であり、土坑に埋められた壺形土器として、興味ある出土状態を示している。

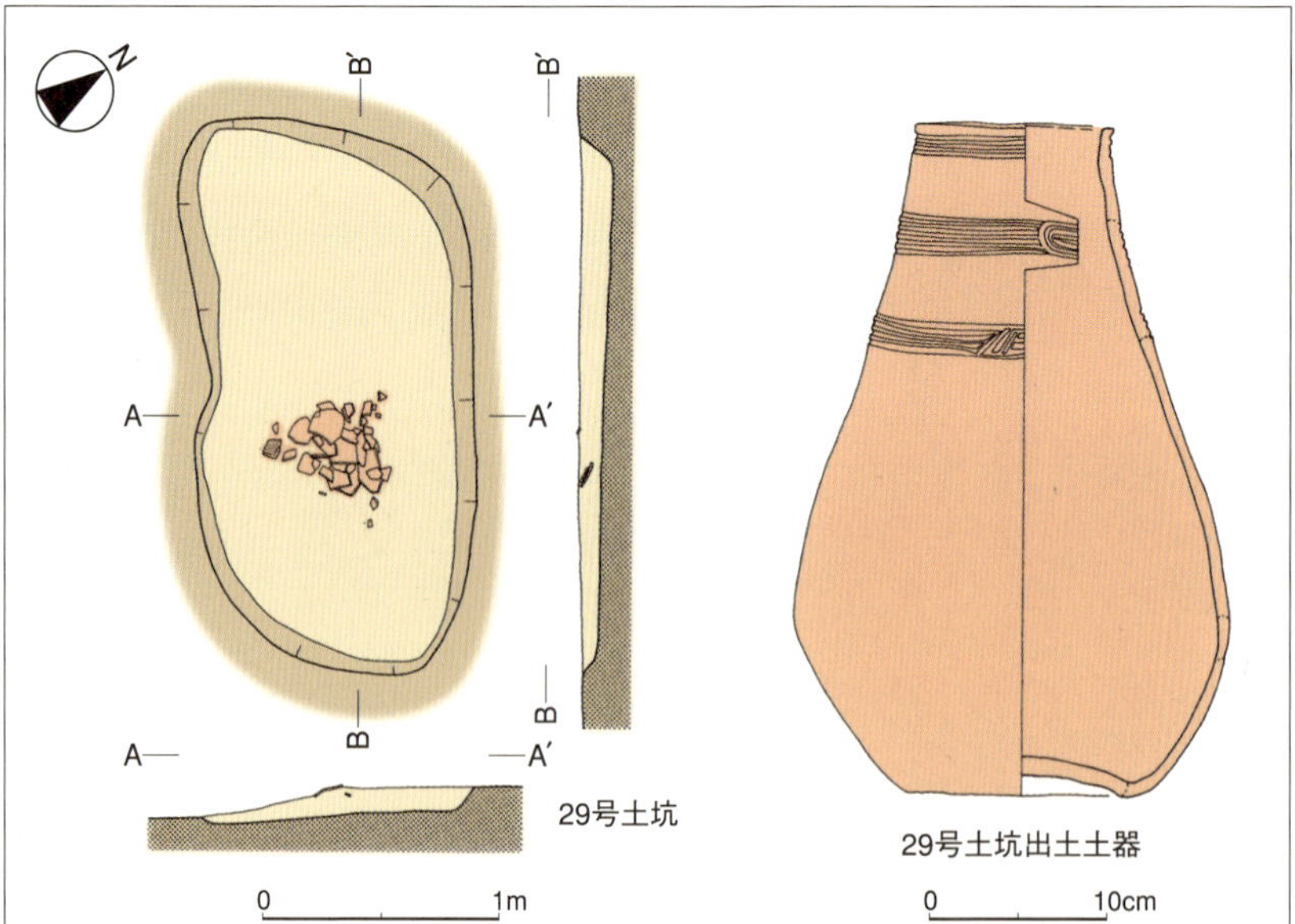

図 42 ● 熊本県灰塚遺跡の埋納壺形土器の出土状況
上野原遺跡や城ヶ尾遺跡と同様な埋納壺形土器。

瀬田裏遺跡の出土例は、南九州の壺形土器の形態とは異なっている。瀬田裏遺跡は、ゴルフ場建設のため大津町教育委員会が一九八八年から緊急調査を実施した縄文時代早期の押型文土器期の大遺跡である。壺形土器は、高さ約二六センチ、最大胴部二三センチで、胴腹部に径約八ミリの穴が一個開くタイプのものである。これまでのところ、形状や大きさがほぼ同じもので、いずれも胴腹部に注ぎ口状の穿孔が存在する三個の壺形土器が出土している。器面には、全面に押型文が施文されている。ここでは、南九州の壺形土器と形態が異なることを明記しておきたい。

長崎県の出土例　長崎県の壺形土器は、有明海に面した熊本県寄りの島原半島の百花台《ひゃっかだい》遺跡の一遺跡であるが、これ以南の地域でも今後発見される可能性は高い。

百花台遺跡では、在地の資料中に塞ノ神式土器の壺形土器片が二片出土していることが報告されている。いずれも肩部付近の破片で、四本単位の刻目をもつ微隆起線を貼付するタイプである。筆者が桴ノ原式土器とよぶ深鉢形土器にみられる微隆起線文と同一であり、この段階の時期に該当する。いまのところ北西限の分布を示す資料である。

縄文の壺は何に使われたか

壺は、約八〇〇〇年から七五〇〇年前頃の南九州の縄文文化のなかで突然出現する。それらは約七五〇〇年前頃の平栫式土器とよばれるもっとも華麗で完成された深鉢が使用される頃から頻繁に出土し、形や文様を変えながら早期の終わり頃まで使用されている（図43）。

煮炊きなどの生活に使われた縄文土器の深鉢は、完全な形で出土することはほとんどない。生活に使われた深鉢はひびが入っても補修して大切に使用されているが、煮炊きに使えなくなると土器捨て場へ廃棄されている。

深鉢は、毎日の煮炊きや煮沸に使用されるところから、破損が激いため多く必要である。これに対し、壺は何かの運搬や貯蔵などに使用されたと考えられ、深鉢にくらべると破損は少なく、数はそれほど必要としなかったことが考えられる。いまのところ壺は、深鉢に対し一〇対一程度の割合で出土している。これは深鉢と壺の使用頻度から考えると同等の数の出土割合とも考えられ、壺は

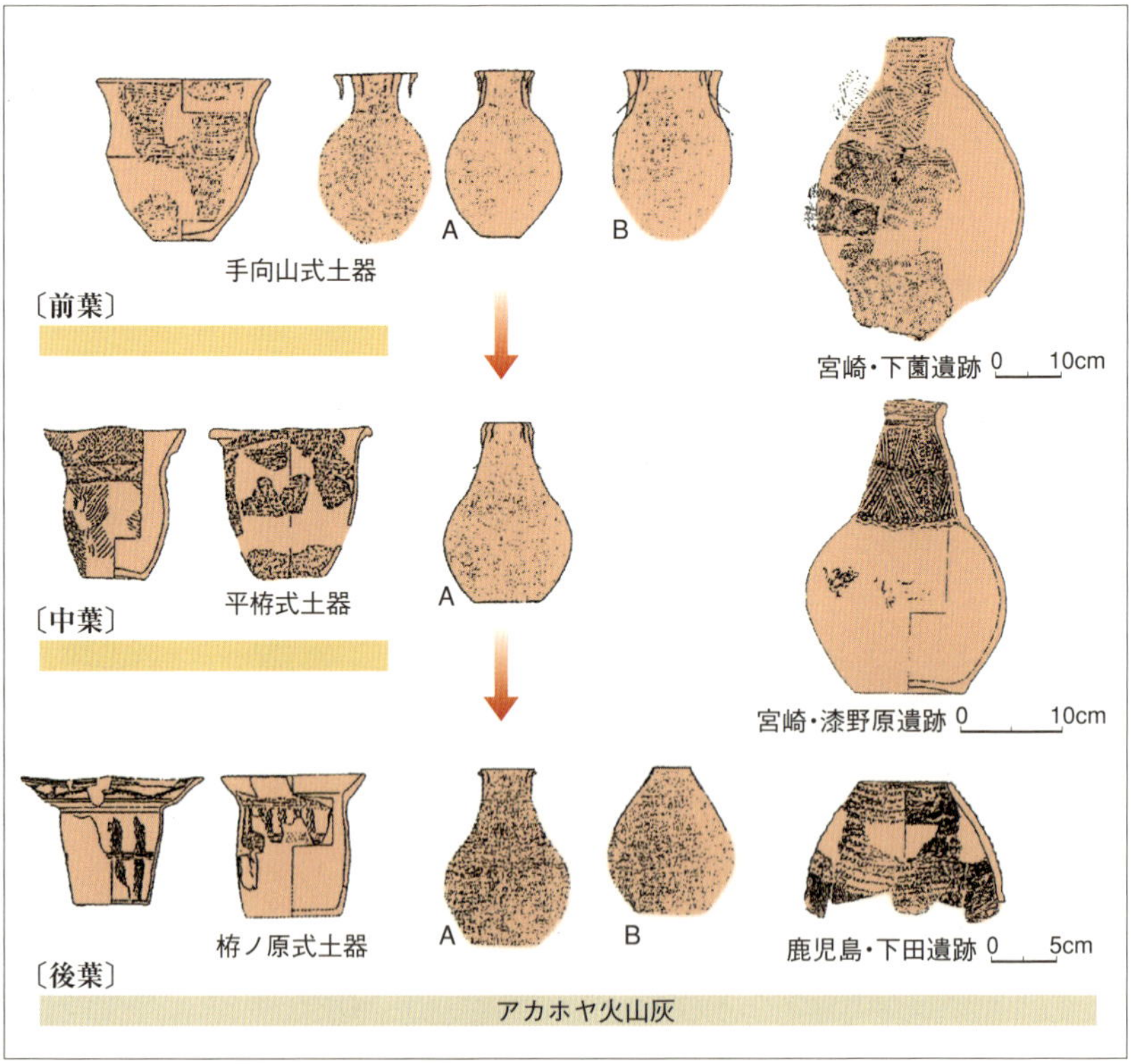

図 43 ●縄文時代早期の壺形土器の編年
早期後半の壺形土器は深鉢形土器の編年に沿って変遷している。
長頸壺（A）と無頸壺（B）の２種類がある。

深鉢のセットとして使用されていたことが考えられる。

このように壺はその出土状態から一般的には深鉢とともに日常使用されたことが考えられるが、特徴的なものには埋納されて出土する完形品がある。おそらくこれは、壺に何かを入れて「祭り」をおこなう習慣があったことを示唆している。

縄文時代早期の壺が南九州というきわめて限られた地域に存在することは特異な現象であるとともに、この壺を必要とした南九州の縄文文化が日本列島の他の地域の縄文文化とは異なった、先進的な文化を形成していたことを物語っているといえよう。

玦状耳飾りと耳栓

縄文時代の装飾品の一つに耳飾りがある。そしてこの耳飾りには使われた時期と形態から二つのタイプがある。一つは縄文時代の前半期にみられる耳飾りで、扁平に磨いた石（骨角製や土製もある）の一カ所に切れ目を入れて耳たぶに穴をあけ、はさみ込んで吊して飾る玦状《けつじょう》耳飾りとよばれる耳飾りである。

もう一つは縄文時代の後半期に流行するもので、耳たぶに穴をあけその穴に栓のようにはめ込んで着ける環状の耳飾りで、耳栓ともよばれるものである。

前者は早期末から前期（六〇〇〇年前から五〇〇〇年前頃）に流行し、後者は後期から晩期（四〇〇〇年前から三〇〇〇年前頃）にかけて普及しているのが一般的である。前者は富山県などの日本海側の東日本を中心にほぼ全国にみられるが、後者は東北地方を中心に関東地方以北で普及している。

前者の玦状耳飾りは日本列島を南下して九州にも波及し、九州島でも四〇余の遺跡から出土している。いまのところトカラ列島以南の島々からの出土は知られていないが、北は福岡県から南は鹿児島県の種子島までのほぼ九州島全域から出土している。

これまで、この玦状耳飾りは、九州では約六四〇〇年前の鬼界カルデラ爆発で噴出したアカホヤ火山灰層の堆積後の地層から出土していた。主に轟式や曽畑式とよばれる土器にともなって出土しており、縄文時代の前期以降の産物と考えられてきた。

ところが最近、南九州でアカホヤ火山灰層の下位から出土する玦状耳飾りが確認され、研究の展開が大きく変わってきた。アカホヤ火山灰層の下位出土の玦状耳飾りは、鹿児島県の三角《さんかく》山《やま》I遺跡例(図44)や宮崎県の下猪ノ原遺跡例、永迫第2遺跡例、熊本県の石の本遺跡例の四例である。この四例は間違いなくアカホヤ火山灰層下位の出土であり、少なくとも六四〇〇年前以前の産物であった。

この結果、南九州の古段階の玦状耳飾りの形態が判明し、九州島内の玦状耳飾りの形態を把握することも可能となった。この四例は、いずれも中心の孔は孔側辺部(切り目の長さ)よりは若干小さいが、いわゆる金環形の形である。このタイプには二種類があり、断面が丸みをもって厚いものと、断面が扁平なものがある。そして、九州のこれまでの玦状耳飾りをこの形態で抽出すると、アカホヤ火山灰層下位に相当する早期段階の玦状耳飾りは、福岡県四例、長崎県二例、熊本県一例、宮崎県四例、鹿児島県一例の計一二例が存在することになる。そして、藤田富士夫氏の研究にしたがえば、このタイプより古いものに、中心孔が孔側辺部の幅より大きく、切目が細くなるタイプ（鹿児島県栫ノ原遺跡採集品）が存在することも考えられた。

このように玦状耳飾りは北海道から九州南部まで出土しているが、日本海側の東日本地方を中心に発達して日本列島全域へほぼ同時期に伝播した装飾品の一つと考えられている。

ところが日本列島全体としては、東日本の東北地方を中心に縄文時代の後期から晩期に普及する、はめ込み式の耳飾り（耳栓）が南九州では、先の壺の出現と同じように早期（約七五〇〇年前）頃にすでに出土して注目された。一九五三年頃、鹿児島県の石坂上《いしざかうえ》遺跡でこの形式（耳栓）の二個の耳飾りが発見されていたが、その頃はそれほど注目されず、とり上げられていない。それは当時の南九州の縄文土器の編年が確立しておらず、その位置づけに信頼がなかったことによると思われる。

その後、鹿児島県志布志《しぶし》町の下田《しもだ》遺跡や熊本県人吉市の白鳥平《しらとりびら》B遺跡などで早期の耳飾りの発見が相次ぎ、南九州の早期後葉（約七五〇〇年前頃）には土製の耳飾りがすでに存在することが判明してきた。極めつけは上野原遺跡からの発見であり、一遺跡から二〇余個の土製や石製の耳飾りが出土し、南九州の縄文時代早期にはこのような耳飾りを装着する風習が慣例化して

図 44 ● **中種子町三角山Ⅰ遺跡出土の玦状耳飾り**
アカホヤ火山灰層より下位から出土した玦状耳飾り。この出土によって早期末の玦状耳飾りの形態が把握された。直径 2.8cm。

いたことが決定的な事実となった（図45）。このことは日本列島の縄文観を大きく見直す重要な事例の一つといえる。

早咲きの南の縄文文化

上野原遺跡では、耳飾りとともに土偶や土製品、石製品などの各種の出土があり、その特殊性が非常に注目されているが、南九州の他の同時期の遺跡でも同じような様相がみられる。

これまで九州での土偶は、熊本県内を中心に縄文時代後期（約四〇〇〇年前）頃に大量に出土している。そして最近では熊本県の大矢《おおや》遺跡で中期にさかのぼる九州ではもっとも古い例が発見されたところであった。このように土偶は、日本列島でもっとも普及して一般的になった縄文時代後期頃にやっと九州には出現すると考えられていた。ところが上野原遺跡で土偶が早期に出土したことから、南九州の「土偶文化」の存在は、九州北・中部とは違って、むしろ日

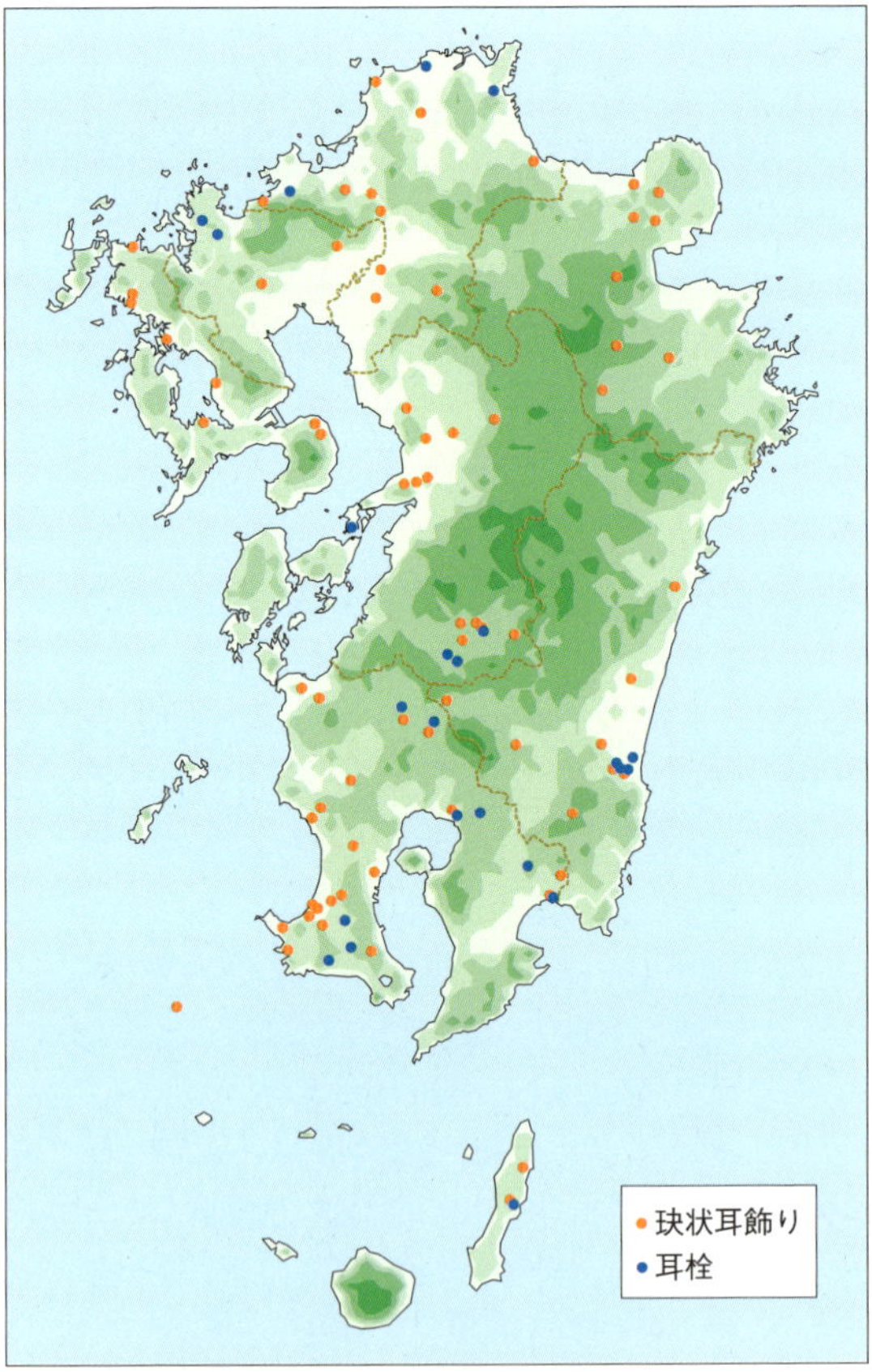

図 45 ● 九州の玦状耳飾りと耳栓の出土分布図
玦状耳飾りは九州全域に満遍なく出土するが、耳栓は北部九州（後期頃のもの）と南九州（早期のもの）に分かれる。このように南九州には早期の耳栓があり、日本列島ではほかに例をみない。

本列島と同様に、早期の段階からだということが判明した。

そのほか上野原遺跡からは用途不明の土製品や石製品などが多種・多量に出土している。三角形をしたパレット形土製品とよばれるものは、同じ形の土製品の破片が三点出土しており、何に使用されたか不明であるが、定型化した形から意味のあるものであったことがうかがえる。そのほか土偶の手や足と考えられる棒状の土製品や、土器の破片を円盤状に丸く加工した子供の玩具とも思える円盤形土製品なども多数出土している。

石製品も各種出土している。柔らかい軽石や凝灰岩を削って土製耳飾りと同様に仕上げた石製耳飾り、ごく普通の石に穴を開けてペンダント風に仕上げた石製垂飾なども出土している。そのほか異形石器とよばれる用途不明の石器が多数出土している。石鏃や石斧などの実用的な石器はそれぞれ一定の道具の形に統一されているが、これとは異なった実用には向かない形の石器がたくさん出土している。形もさまざまで、あるものは人形、あるものは動物に似ており、何に使われたかはっきりしない。祭りなどの儀式に使用された可能性が考えられる。

これまで日本列島の縄文時代では、精神文化の成熟期を迎えるのは後期・晩期とされてきたが、すでに南九州では列島に先がけて土偶や耳飾りや各種の石製品といった精神文化の発達を、早期という古い段階にみるという注目すべき事象があらわれている。

そして、縄文時代早期後葉になると、南九州の土器の文化圏は九州島全域から中国・四国地方へと拡大するほど発達しており、南九州の早期後葉の物質文化の豊かさとあわせて、この時期がもっとも成熟していたことが想定されるのである。

第4章　旧石器から縄文へのダイナミズム

1　南九州の旧石器人の生活跡

いまから約九五〇〇年前～約七五〇〇年前に、日本列島の最南端ともいえる鹿児島で、厚い火山灰の下から忽然と発見された上野原遺跡を主役として、縄文時代のごく初期に栄えた、日本列島最古ともいえる定住生活の世界をのぞいてきた。そして、そこに残された文化をしばしば最古とか、先進的とか、成熟したなどの表現を用いて、第3章の表題のように「早咲きの南九州縄文文化」と評価した。

こうした文化は偶然に、また突然に出現するはずがない。それが生まれるプロセスがあり、背景があり、自然環境があり、それらを総合したダイナミズムがあったのである。そのことを裏づける発見や研究が南九州で相次いだ。それらの成果をつなぎ合わせて、上野原の最古の定住ムラの成立に至る歴史をたどってみたい。

一九九七年、種子島中種子《なかたね》町の立切《たちきり》遺跡の発掘調査では、約三万年前の火山灰（種Ⅳ火山灰）の下層から、焚火の跡（九カ所）や石蒸し料理施設（礫群二基）、ドングリなどの木の実を貯蔵したと考えられる土坑（一基）などが発見された（図46）。しかも石斧や磨石や台石などの生活道具（石器）も一カ所で発見されている。

この時期には一つの遺跡で複数の種類の遺構がみつかることはほとんどなく、立切遺跡はいまのところ日本で最古の生活跡が発見された遺跡といえる。

三万年以前の時代は、「後期旧石器時代」のはじまりの頃で、この時代は氷河期にあたり地球全体が寒冷な気候であった。この頃の人類はマンモスなどの大型の動物を追って移動しながら狩りの生活をしていたというのが、一般的なイメージとされてきた。

しかし、立切遺跡で発見された生活跡はこれとは少し様子が違う。まず、焚火の跡はその火熱によって土が赤く変色して硬く、炭のつぶもたくさん発見されるところから、強い火が長い時間に焚かれたことが考えられた。しかも、発掘調査された狭い範囲の場所だけで、九回もくりかえし使用されている。

図 46 ●**種Ⅳ火山灰（約 3 万年前）の下位から発見された立切遺跡の生活跡（土坑）**
姶良 Tn 火山灰（約 2 万 5000 年前）の下位の種Ⅳ火山灰の下から、ドングリなどの木の実を貯蔵したと考えられる土坑や焚き火をした跡（焼土）などが発見されている。

つぎに、石蒸し料理の施設は、拳大の砂岩の礫が熱によって細かく割れた状態で発見されている。これは、何回もくりかえして使った状態を示している（図47）。

立切遺跡でみつかった遺物は石器だけで、そのなかには石斧や磨石、台石、砥石などがある。この時期、立切遺跡以外の日本列島の遺跡では、磨石や台石などはほとんど発見されていない。そのことが、また重要な意味をもつ。つまり、磨石は木の実を潰すなど植物質食料の加工に用いられたと考えられることから、立切遺跡の人びとは動物等の狩猟だけに頼らず、すでに植物質の食料にも多く依存していたことが考えられる。

氷河期であっても当時の種子島は日本列島の他の地域とは違って、黒潮などの影響によって温暖な環境から豊かな森が存在していたことが推察される。そして、その豊かな森に産する木の実などを採集して、食料としていたことが考えられるのである。

隣りの南種子《みなみたね》町でも、同じ時代に属する横峰《よこみね》遺跡が発見されている。ここでも立切遺跡と同様、石蒸し料理の施設（礫群）と考えられる遺構や敲石、磨石などの石器が発見されている。いち早く温暖化した種子島地方には、このような遺跡が広く存在していたことがうかがえる。

図 47 ● 種Ⅳ火山灰（約 3 万年前）の下位から発見された立切遺跡の礫群
約 3 万年前の旧石器時代に該当する石蒸し料理施設と考えられる礫群。縄文時代の集石遺構と同じ。礫群の上層に種Ⅳ火山灰（約 3 万年前）が堆積し，さらに上位には姶良 Tn 火山灰層（約 2 万 5000 年前）が堆積している。

2　土器の誕生とその環境

人類が石器だけを使っていた旧石器時代から、石器のほかに土器を発明して使いはじめだした縄文時代へと移ったおもな要因は、自然環境の変化が大きいと考えられる。人類の活動には、とくに気候の変動や火山活動などが大きな影響を与えるからである。

旧石器時代が終わる約一万五〇〇〇年前頃は、地球規模の温暖化にともなって、日本列島でも各地域の文化にさまざまな変化が生まれている。さらに、南北に長く、海に囲まれた日本列島では、南と北とでは自然の環境差がとくに大きい。

これまで、日本列島の縄文土器は、西北九州の長崎県の福井洞穴や泉福寺《せんぷくじ》洞穴などの発掘調査の成果から、約一万三〇〇〇年前頃に西北九州の落葉広葉樹林帯の環境のなかで誕生したと考えられてきた。

一九六〇年からはじまった福井洞穴の発掘では、旧石器時代終末の細石器《さいせっき》文化層中に土器（2層で爪形文《つめがたもん》土器、3層で隆起線文《りゅうきせんもん》土器）が共伴して出土した。この土器は放射性炭素の年代測定では約一万二〇〇〇年前の年代が得られたことから、旧石器時代に誕生した日本列島最古の土器に位置づけられることになった。そして、旧石器時代の最後の段階を代表する石器である細石器に土器がともなうという事実は、縄文文化の起源に一石を投じることになった。

さらに、一九七〇年からの泉福寺洞穴の発掘では、隆起線文土器の下層から新たに豆粒文《とうりゅうもん》土器が発見されて、最古の土器は隆起線文土器から豆粒文土器へさかのぼることになった。その後、初期の縄文文化は、東日本地方や南九州地方など日本列島各地へ伝播したと考えられていた。また、一九六六年には、鹿児島県の上場《うわば》遺跡でも、細石器にともなって爪形文土器が発見され、南九州の草創期文化も同様な展開が想定されている。

ところが、最近発見される南九州の草創期遺跡からは、これらとは異なる新たな様相がつぎつぎと明らかにされてきている。縄文時代初期の土器は、南九州地方にも誕生していることがわかってきたのである。これらの土器については次節で紹介するが、まさに南九州には、日本列島各地に先がけて気候の温暖化と黒潮の影響を真っ先に受け、縄文文化が誕生したのである。

なお、最近の花粉分析によると、縄文時代草創期の自然環境は北部九州は落葉広葉樹林帯であるのに対し、種子島・屋久島や南九州の海岸部はすでに照葉樹林化していたことが考えられている。つまり、草創期文化は日本列島のなかで照葉樹林帯がいち早く形成されつつあった南九州に、もっとも早く誕生し発達した可能性が高いのである。

3　火山灰が刻む縄文文化起源のプロセス

約二万五〇〇〇年前にできたとされる鹿児島県の姶良カルデラ（鹿児島湾）内の南隅で、大きな噴火が起こった。これが鹿児島のシンボルとされる桜島の誕生であり、約一万一五〇〇年前頃の出来事であった。この桜島ができたときの噴火で生まれた火山灰層は、南九州の初期の縄文文化の様子をわたしたちに明瞭に教えてくれている。この「薩摩火山灰」とよばれる火山灰層は、桜島を中心に種子島北部を南限に、宮崎県南部と熊本県南部を北限とし、鹿児島県内の広い範囲に降灰している。これはＰ14ともよばれ、一九一四年（大正三）に桜島が爆発した時からさかのぼって14番目の爆発となっている。そして、この薩摩火山灰は、南九州の旧石器時代から初期縄文文化（草創期）への移り変わりの様子を明確に刻んでいる。

この火山灰層の下層からは、旧石器時代の細石器の段階に縄文時代を象徴する土器や石鏃などが伴出する遺跡がある。つまり、縄文時代の生活へ移行しつつあるが、主たる狩猟具はいまだ旧石器時代の細石器を使っているという段階である。鹿児島市の加治屋園《かじやぞの》遺跡では粘土紐を貼り付けた土器が、同市の横井竹ノ山《よこいたけやま》遺跡や市来町《いちき》の瀧之段《たきのだん》遺跡では無文の土器が、鹿屋市の西丸尾《にしまるお》遺跡では繊維を混入した土器などが出土している。このように、細石器に共伴する南九州の最初期の土器（草創期前葉＝約一万三〇〇〇年前）は、土器の形態がバラエティーに富んでおり、いまだ土器型式の形態が成立していない段階と考えられる。

その後、草創期中葉以降には、隆帯文土器とよばれる土器が出現している。この隆帯文土器は、南九州に独特に発達した土器群であり、草創期の後葉まで継続して発達した土器型式である。幅広の扁平な粘土紐（幅五～一〇ミリ程度）を器面上に貼り付けるもので、北西九州にみられる隆起線文土器から派生したとも考えられているが、いまのところそのルーツは不明である。鹿屋市の伊敷《いしき》遺跡、鹿児島市の掃除山《そうじやま》遺跡、加世田市の栫ノ原遺跡、西之表市の奥ノ仁田《おくにた》遺跡などが、この型式の土器を出土する代表的な遺跡であるが、種子島を含めた南九州一帯に広く普及する非常にローカルな土器である。

図 48 ● 三角山 I 遺跡出土の隆帯文土器群
縄文時代草創期の一級の遺跡で、南九州特有の隆帯文土器が大量に出土した。

中葉にあらわれた隆帯文土器は、中種子町の三角山Ｉ遺跡のように（図48）、隆帯の断面が蒲鉾状を呈するものが多く、指頭や各種工具によって押し潰すように土器の器壁に貼り付けて文様化している。隆帯に放射状肋のある貝殻の殻頂部で圧痕文を施すものもみられ、すでにこの段階から貝殻を施文具とした貝殻文土器が登場している。器形は、サラダボール状を呈する平丸底の鉢形土器が一般的に多い。

後葉になると、底部は平底が定着し、口縁部が外反する器形に変化し、南九州特有の円筒土器の器形が醸成され、北九州などとも異なる、南九州独自の縄文文化の流れが明確になる。早期を迎える準備が整ったといえる。

4　縄文文化の原型をつくる

南九州の草創期中葉は、日本列島の他地域と比較すると遺跡数も多く、遺構や遺物は多種多量であり、非常に発達した様相を示す草創期遺跡が存在することがわかってきた。とくに、多量の隆帯文土器のほかに、丸木舟をつくる工具とされる丸ノミ形石斧（図49）を含めた磨製石斧や打製石斧、植物質加工具としての石皿や磨石、敲石など各種の石器が出土している。

このような道具の発達とともに、竪穴住居や蒸し焼き炉（集石遺構）、燻製炉（炉穴・連穴土坑）、屋外調理場（配石炉）や貯蔵穴など、定住生活に必要な施設が発見されている。そして、このような生活跡が日本列島の他の地域に先がけて出現し、早期になると上野原遺跡を代表するような拠点集落が形成されることになる。つまり、南九州は日本列島に先がけて、照葉樹林とクリやドングリなどの混合する中間温帯林の豊かな森が発達したなかに、縄文文化の原型ともいえる本格的な定住生活をいち早く誕生させたのである。

5　定住を支える食料獲得

関東の炉穴と南九州の連穴土坑

約一万二〇〇〇年前から約九〇〇〇年前（縄文時代草創期～早期前葉）頃の南九州の生活跡では、「連穴土坑」とよばれる調理場跡が注目されている。このような調理場は約八〇〇〇年前（早期後葉）頃の関東地方を中心に発見される「炉穴」とよばれる生活遺構によく似ている。関東地方では煮炊き用に使われた施設と考えられてきた。

南九州では、鹿児島市の加栗山遺跡などで約九五〇〇年前（早期前葉）頃にすでにこの施設が使用されていることがわかっていたが、関東地方より古い時期であることから炉穴とは異なる性格の施設と考え、南九州では「連穴土坑」とよんでいた。そしてこの連穴土坑は草創期から早期前葉を代表する南九州の特徴的な遺構とされている。

これまで炉穴は、関東地方を中心に発見され、その研究も関東地方で早くから進められてき

図49 ● 縄文時代草創期の丸ノミ形石斧（栫ノ原遺跡出土）
これまで琉球列島で出土していたが、栫ノ原遺跡などで縄文時代草創期の産物であることが判明した。

た。関東地方の炉穴の形態は、発掘調査での残り具合から幾通りもの形が考えられているが、基本的には楕円形の竪穴のなかに火を焚いた場所（燃焼部）と火を焚く作業の場所（足場）がある。なかにはわずかであるが、燃焼部の上にトンネル状にブリッジが残り、穴（煙道部）が残ったものもある。古代の住居跡などにみられるカマドによく似た形である。

南九州の連穴土坑も、ほとんど同じ形につくられている。ところが南九州の炉穴は、二つの穴をつなぐブリッジ部分が薩摩火山灰層や小林軽石層などの硬い火山灰層中につくられており、ブリッジ部分が残る例が多い。そのため連なった穴の土坑ということで「連穴土坑」とよんで関東地方の炉穴と区別してきた。しかしその後の研究で、基本的には同じ機能をもつ遺構とみられるようになった。そして、その起源は南九州のものがはるかに古い。

連穴土坑は燻製施設

南九州の草創期の炉穴は、掃除山遺跡で一基、栫ノ原遺跡で八基（図50）、最近では姶良町の建昌城《たてまさじょう》跡で四基が発見され、南九州の草創期文化を代表する生活遺構の一つである。それに続く早期の連穴土坑は、一九七五年発見の加栗山遺跡を皮切りに、志布志町の倉園《くらぞの》B遺跡や宮崎県の椎屋形《しいやがた》第

図50 ● 縄文時代草創期の連穴土坑（栫ノ原遺跡）
南九州では草創期中葉の隆帯文土器の段階から連穴土坑（炉穴）が出現する。

二遺跡などで発見されて、約九〇〇〇年前（早期前葉）頃の貝殻文円筒土器の時期まで存続する遺構であることも判明してきた。

ところで南九州の連穴土坑は、その形態などから保存食をつくるための燻製施設と想定されてきた。その後、掃除山遺跡や栫ノ原遺跡では、煙道床面の化学分析（残留脂肪酸）もおこなわれ、イノシシやシカなどの脂肪酸が検出された。これらのことから燻製施設の可能性がより高くなった。

発掘調査されたもっとも保存の良好な連穴土坑をモデルに復元して実験すると、保存食の燻製のつくり方がよくわかる。まず、小さい穴の上に横木を渡し、野鳥（実験では鶏）などをまるごと吊す。そして、葉っぱや笹などでこの上を密閉する。続いて、大きい穴の小さい穴よりの所（ブリッジの下）で火を焚く。すると、煙は小さい穴のほうに流れ、密閉した葉っぱや笹の間から出てくる。火床に勢いがついてきた時点で、山桜などの生木で焚く。すると煙が主体となって流れ、燻製には最適な条件ができあがる。この状態で一〇時間ぐらい継続して火を焚

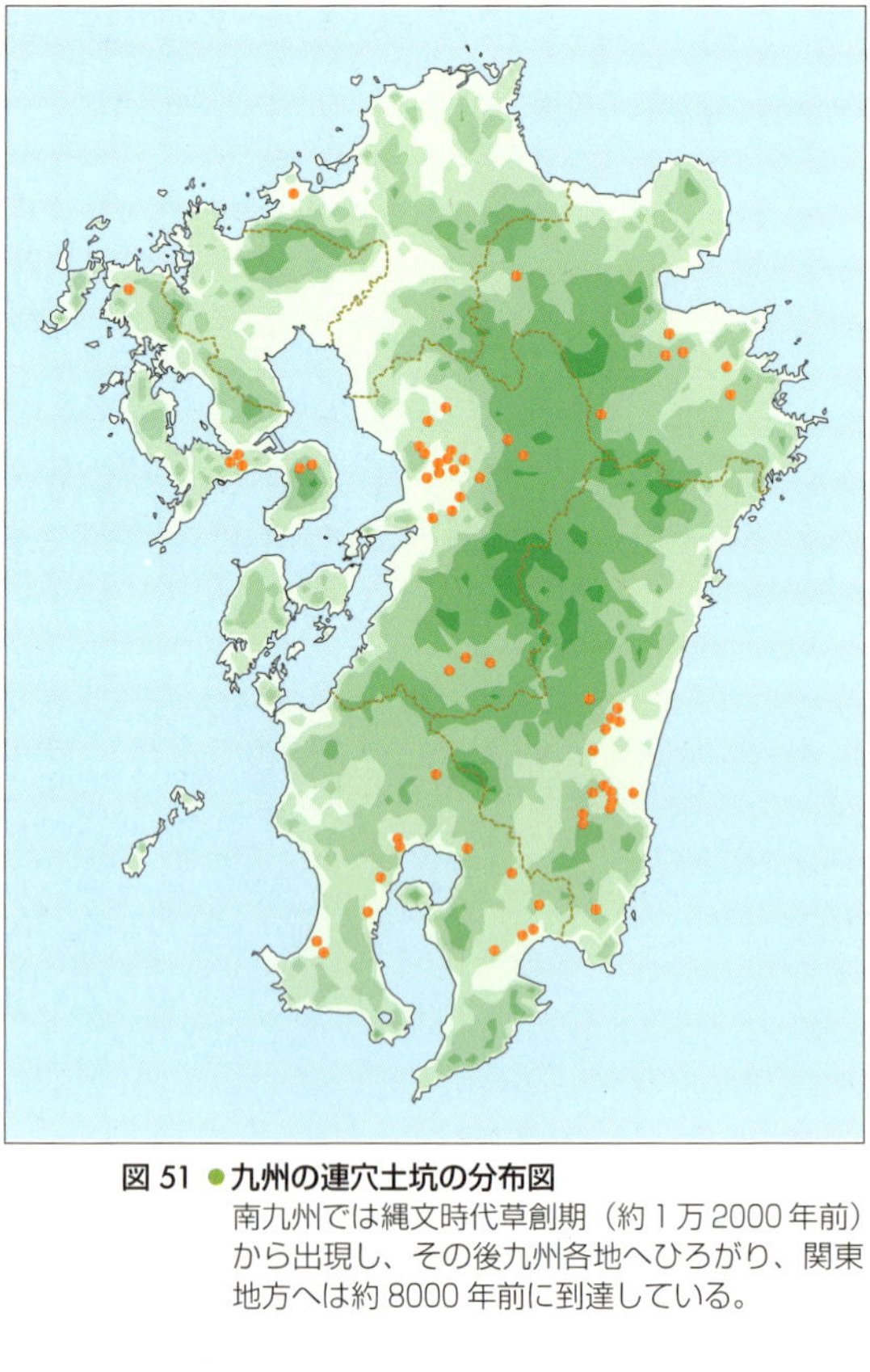

図 51 ● 九州の連穴土坑の分布図
南九州では縄文時代草創期（約 1 万 2000 年前）から出現し、その後九州各地へひろがり、関東地方へは約 8000 年前に到達している。

くと燻製はできあがる。葉っぱや笹の下の温度を継続して測ると、六五度から七〇度ぐらいが燻製づくりの適温のようである。また、この温度を超えると上に密閉した葉っぱや笹の色が黄色く変色してくる。縄文人は葉っぱの色を見て温度調整をしていた可能性も考えられる。

東に伝わる燻製技術

最近、東海地方の三重県の鴻《こう》ノ木《き》遺跡や静岡県の中道《なかみち》遺跡などから、ブリッジ部分の残存した炉穴が多数発見されている。鴻ノ木遺跡の例は、使われなくなった竪穴住居跡内を足場として炉部を住居外に設けてたタイプなど南九州の連穴土坑に酷似している。古い時期（約九〇〇〇年前）の押型文土器を使用する時期で、南九州や九州と関東地方の間の時期にあたる。

つまり東海地方では、南九州や九州より一時期新しく、関東地方よりは一時期古い段階に存在することもわかってきた。このことから、保存食づくりの燻製技術は、約一万二〇〇〇年前頃に南九州で発生し、九州から中・四国地方を経て東海地方へ、そして関東地方へと伝播した施設と考えられる。つまり、南九州から日本列島を北上して全国へひろがった施設なのである。

6　縄文土器と異質な貝殻文土器

縄文と貝殻文

日本列島の縄文時代は約九〇〇〇年前から六〇〇〇年前（早期）の古い時期には、底の尖った縄文土器（尖底）が使用され、約六〇〇〇年前頃（前期）になって平底の土器が使われるようになるというのが定説であった。これまで九州や南九州もこれにならって同様に考えていた。

ところが最近、日本列島の他の地域で尖底土器が使用されている時に、南九州では貝殻で文様をつけた円筒形で平底の土器が使用されていることがわかってきた。それは先に述べたように、屋久島の北海底の鬼界カルデラから大爆発をして噴出したアカホヤ火山灰が教えてくれた。南九州ではこの火山灰層の下部から出土するものは早期で、上部から出土するものは前期に該当し、時期を区分する貴重な火山灰（約六四〇〇年前に降下）であることもわかってきた。

さらに、アカホヤ火山灰層の下層から出土する土器は、これまで型式的には新しいと考えられていた貝殻で文様をつけた円筒形で、平底土器であるという新しい事実もわかってきた。つまり、日本列島の他の地域が縄文をつけた底の尖った尖底土器を使用している頃、南九州では貝殻で文様を付けた平底の円筒形土器が使われていたのである。このように南九州の縄文文化は、土器一つとっても日本列島のなかでは異質で独特な発達をしていたことがうかがえる。

最古の貝殻文土器

南九州本土と種子島の間には約四〇キロの距離と約一〇〇メートルの水深をもつ大隅《おおすみ》海峡が所在しているが、草創期に属する文物の盛んな交流をみると、当然、舟を使った往来が予想される。九州での丸木舟の発見は、これまで縄文時代前期の長崎県の伊木力《いきりき》遺跡が最古例であった。しかし、草創期の栫ノ原遺跡などでは丸木舟をつくった木工具とされる丸ノミ形石斧が出土しており（図49参照）、南九州の草創期の縄文人はすでに丸木舟を使って海を渡って交流していたことが想定できるのである。そして隆帯文土器とよばれる草創期の土器は、この薩南諸島の種子島へもひろがっている。しかし遺跡の規模や密度からみると、この土器は九州本島からひろがったのではなく、逆に種子島で発生した可能性もうかがえる。奥ノ仁田遺跡や三角山Ⅰ遺跡（図52）などでは、多量の隆帯文土器や各種の石器、蒸し焼き炉（集石）や屋外炉（配石炉）など多種の生活遺構が確認されている。

ところが奥ノ仁田遺跡の隆帯文土器の半数以上に、隆帯に貝殻で刻み目の文様をつけた隆帯文土器が出土している。そして器形にも円筒形をうかがわせるものもみられる。南九州の貝殻文土器は縄文時代早期にもっとも発達して全盛期を迎えているが、この種子島ですでに約一万二〇〇〇年前の草創期の隆帯文土器の段階から文様として採用され、早期文化に継続していることがうかがえるのである。

南九州の貝殻文文化の発達

日本列島の他の地域の縄文人が縄文を施した尖底土器を使用していた頃、南九州の縄文人は貝殻文様を施文した土管状や蘭鉢状の円筒形土器、四角形の独特で特殊な形態の角筒土

図52 ● 貝殻の文様がついた縄文時代草創期の隆帯文土器
中種子町三角山Ⅰ遺跡出土。

器を頑固に使っていたことになる（図26参照）。このように南九州は、日本列島の縄文文化のなかではまったく異質で独特な文化を形成していたことがわかってきた。そして南九州の貝殻文円筒土器は、早期前葉の土管状の形から早期中葉にはバケツ状となり、終末には円筒形の胴部に大きく外反したラッパ状の口縁部を付けた独特の器形（平栫式土器や塞ノ神式土器）へと変わっているが、基本的には早期全体として円筒形の器形である。

一方、北部九州では、早期前葉から中葉頃は尖底の押型文土器の最盛期を迎えている。このように、早期の約四〇〇〇年の間は九州島の北部から中部のほとんどの地域は尖底土器を使用していたのに対し、南九州はこれとは異なった貝殻文の円筒形平底の土器を使用していたことになる。つまり、南九州の縄文人は、貝殻文様をとくに愛用していることから、海をこよなく愛した「海人」でもあった。この貝殻文様をもっとも愛用した時代が、南九州の縄文人が独自の文化を形成し、もっとも元気で活躍した時代でもあった。

7　大噴火で消えたもう一つの南の縄文文化

縄文文化「西高東低」の時期

縄文文化は、北東―南西に長く連なる日本列島の多様な地域性を背景としながら、約一万五〇〇〇年前から約三〇〇〇年前までの間、周辺地域とは異なった独自の発達を遂げた石器時代の文化である。

この縄文文化について、列島内での発達の度合いは、東日本が先進的であり、西日本はつねに停滞的であったとする「東高西低」といった考え方が、これまでの長い間、多くの考古学者の意見であった。これは縄文時代の研究について東日本が先行し、事実として全体的に東日本のほうが遺跡の数が多く、その大きさや出土遺物の種類や量などにおいて、西日本よりは断然優れているところからだった。

著名な考古学者として知られた佐原眞氏も「縄紋土器そのものについてみても、波状口縁の発達した浅鉢・土瓶（注口土器）等々、新しい器種の出現普及……万事が東から西であって、あるものは西に欠落する。欠落と言えば岩版《がんばん》・土版《どばん》・石冠《せっかん》・土冠《どかん》・有孔珠状《ゆうこうたましょう》土製品・埋甕《うめがめ》・燕形銛頭《つばめがたもりがしら》・御物《ぎょぶつ》石器・独鈷石《どっこいし》等々東日本の縄紋文化を特色づける要素には西日本に皆無もしくは非常にまれにしかみられないものがあり、たとえ存在する場合にも東日本からの到来品とみなされることが多い。」と『大系日本の歴史1』（小学館）のなかで述べている。

縄文文化は日本列島のなかでは、寒く涼しい北日本や東日本地方に発達し、主導権をもっていたと考えられている。これは日本の考古学者の定説ともいえる考え方である。

しかしながら最近の南九州の発掘調査の成果はめざましく、日本の考古学者のこのような定説を打ち破る新資料が続出してきた。とくに縄文時代の古い時期の草創期から早期にかけては、南九州の縄文文化が優越するというこれまでとは逆の「西高東低」の現象があらわれている。

南九州の縄文時代のはじまりの様子は、約一万一五〇〇年前の桜島の火山爆発堆積物（薩摩火山灰層）の下に埋もれていた文化層の発見によって、年代や文化内容がはっきりしてきた。

そして日本列島の他地域の草創期文化とも対比することが可能となった。さらに約六四〇〇年前の鬼界カルデラ爆発のアカホヤ火山灰層からは、南九州の早期文化の豊富な内容が把握され、南九州のこの時期の先進性や早熟度を知ることもできるようになった。

つまり、日本列島に草創期の隆起線文土器が流布する頃、いち早い温暖化現象にともなって南九州では在地系の隆帯文土器が発達し、南九州独特の縄文文化が萌芽し定住化のきざしがうかがえる集落などが形成されるようになったのである。

草創期に続いて早期の段階でも、南九州では在地色の強い独自文化の貝殻文円筒土器文化が発達している。この頃、南九州を除いた西日本では押型文土器が日本列島を南下して北部九州へ伝播し、北部から中部九州まで広域な押型文土器文化となっている。そして早期の中頃には南九州の貝殻文円筒土器文化と九州島を北と南で二分する形となっている。

この押型文土器は、早期中葉頃には南九州へも伝播している。しかしながらこの在地性の強い南九州の貝殻文円筒土器は、この外来系文化を巧みに吸収して南九州独特の文化を形成している。早期の後葉の南九州の縄文文化はその文化内容をより発展させ、南九州から九州島全域へ、さらには中国地方や四国地方へと北上しながら文化圏を拡大しているようである。

南の縄文文化は一時壊滅した

これまで縄文土器は深鉢形土器だけと考えられてきたが、南九州の早期では壺形土器や小型土器など各種の器種が加わり、さらに土偶や土製耳飾り、土製品、石製品など各種の精神文化や装飾文化の発達を示す遺物が大量に出土するようになった。

　これに対し日本列島の縄文文化では、縄文時代の終わり頃に縄文土器の器種が豊富になり、土偶や各種の土製品、石製品が大量に出土し後期から晩期頃に縄文文化の完成をむかえたと考えられている。これらの点は前章までにややくわしく記述した。

　このように南九州の縄文文化は、日本列島の内部のそれよりも三〇〇〇〜四〇〇〇年も古く、完成された形で縄文文化が形成されていたことが判明した。

　むしろ縄文時代の初期の頃は、南九州の縄文文化は日本列島の他の地域よりも発達した文化を

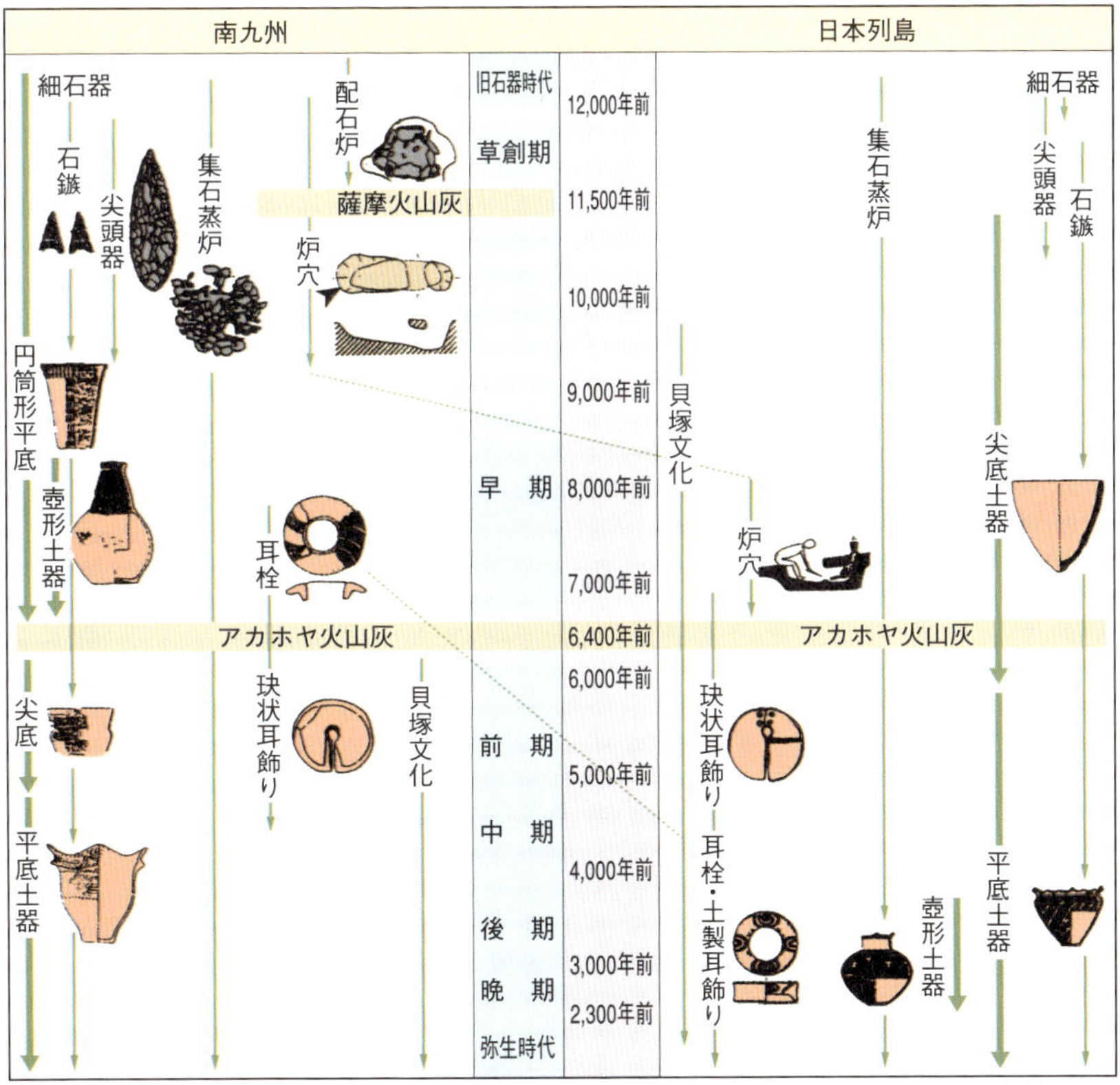

図 53 ●南九州と日本列島の縄文文化の比較
アカホヤ火山灰降灰以前の縄文時代早期の南九州は、日本列島にくらべて遺構・遺物・装飾品などすべての面で成熟した文化がみられる。これが「もう一つの縄文文化」とよぶゆえんである。

形成していたことがわかってきた。つまり初期の頃は「東高西低」ではなく「西高東低」の縄文文化であったことがわかってきたのである。それもその後の日本列島全体の縄文文化の原型ともいえる質を誇っていた。

そして、この南九州の早期文化がもっとも発達し九州島を越えて、中国地方や四国地方へ文化圏を拡大した頃、南海の鬼界カルデラの大爆発が起こった。薩摩半島や大隅半島のほとんどは三〇〇度を超える高温の火砕流が、そして九州島南半部から四国地方一帯には厚いアカホヤ火山灰が堆積して、一時的に砂漠化した自然環境になったことが考えられる。

そして、爆発後数百年を経て、南九州のアカホヤ火山灰層上の自然環境は人類が住めるように植生が回復しているが、その後は北部九州系統の轟式や曽畑式土器とよばれる、これまでの南九州の在地系土器とは異なる土器文化が一気に伝播してきている。

このようにアカホヤ火山灰層堆積以前の南九州の独特で豊かな早期文化は、この鬼界カルデラの大爆発によって大打撃を受け、壊滅したことが考えられる。

長い時代にわたって存在した縄文時代の初期の南九州独自の文化は、わたしたちの眼には埋もれた歴史遺産だった。いま明らかになったその南九州の縄文文化を「もう一つの縄文文化」と表現するにはいささかのためらいはあるが、それが縄文文化形成の原型としての性格をもつと評価できるなら、火山灰に埋もれた南九州の「もう一つの縄文文化」は、縄文文化とは何かという本質の問題に迫る重要な鍵を秘めているといえる。

第5章　よみがえる上野原遺跡

1　誕生！　上野原縄文の森

一九九七年五月二七日、上野原遺跡の北東部の北へのびる尾根上で、竪穴住居跡や連穴土坑などからなる縄文時代早期前葉の集落跡発見の成果が現地で公表されて以来、翌日から見学者が多数訪れ、一カ月間にわたる公開で、約三万七〇〇〇人もの見学者が遺跡を見たことになる。一日に六〇〇〇人も訪れた日があったが、こういう見学会の現象は鹿児島でははじめてのことであった。

この反響の大きさは、六月二日の県知事による「現地保存表明」へと実を結び、上野原遺跡は埋蔵文化財関係者から手を離れる寸前で息を吹き返した。そして上野原遺跡は、一九九九年一月には国史跡に指定された。

その後、上野原遺跡では縄文時代の景観をつくるとともに、縄文体験のできる史跡整備をねらいとして整備が進められ、二〇〇二年一〇月、「鹿児島県上野原縄文の森」が誕生した。

上野原縄文の森は、敷地面積が約三六ヘクタール、整備面積が約二八ヘクタールあり、縄文時代の景観をつくるとともに縄文体験のできる史跡整備をねらいとして整備が進められた。当初公開していた史跡部分は遺構面の保存のため、速やかに埋め戻された。

現在、公園の中央を東西に横切る幹線道路を境として、大きく南北の二つのゾーンに分かれて整備されている。北側は、発掘調査成果から得られた縄文時代早期前葉の自然景観である「落葉広葉樹の森」を復元して復元集落をつくり、そのなかに森の中核施設で、上野原遺跡の調査成果はもちろん、縄文時代を中心とした鹿児島県内の代表的な考古資料が展示される展示館、上野原遺跡を形成する地層に覆いを被せてつくった生の地層観察館、遺跡保存館などの施設を配置し、「見学エリア」とした。

南側には、同じ調査成果から得られた早期後葉の自然景観である「照葉樹の森」をつくり、そのなかに埋蔵文化財センターや、古代体験ゾーンとしての体験学習館や、古代の住居跡を復元した家屋群の復元、イベント広場としての祭りの広場や、展望の丘などが配され、「体験エリア」とされている。

上野原縄文の森には、タブやクヌギなど八九種類で約九〇〇〇本の中高木が植林され、そのほか、ヤマツツジやサカキなど四七種類で約二万四〇〇〇本の低木が選定され、縄文の景観を演出している。また、この一〇〇種を超える樹種の選定については、園内の小川など整備上の立地等と整合するように努められている。樹種の配置などは自然な状態での環境となるように配慮してあり、数年後には「縄文の森」として縄文時代の雰囲気がでるものと思われる。

2　体験ミュージアムの活用と今後の展望

史跡の隣接地には、公開当初からおこなってきたように、史跡の集落跡と同じ地形や配置ですべての遺構を発掘時に近い形で復元し、九五〇〇年前の火山灰が埋土に入っていた竪穴住居跡一〇軒については上屋を復元している。そのなかの一軒には人形や道具を置いて当時の雰囲気をだし、別の一軒には車椅子が入れるように板が渡してある。

森の管理・維持については普通の公園のように木の剪定・除草などをくりかえす管理でなく、台風等での倒木、折枝についてもできるだけ除去せず、そのまま置いておくなど自然な状態にしておくことを原則としている。

上野原縄文の森では、展示や体験など、通常の啓発活動に加え、各種古代体験やウォーキング大会等を中心とした「ジョイJOYじょうもん事業」、「春まつり・秋まつり」など継続的なイベントを積極的に実施している。

図54 ● 遺跡保存館の内部
縄文時代早期前葉の住居跡などの遺構が
発掘当時の状態で見学できる。

今後は、この森と施設を組み合わせた体験型史跡公園として活用を図っていくことになるが、周囲の環境と調和させながらどのようにして自然景観を保っていくかが大きな課題となろう。「鹿児島県上野原縄文の森」は、やがてオープンして五年目に入ろうとしている。今後リピーターの確保などをどのようにしていくのか大きな課題を抱えながらも、鹿児島県の観光拠点として期待されている。これは他の史跡公園についてもいえることだが、遺跡という施設が観光の対象地として長い間人びとの支持を受け続けるのかという一つの実験的見本ともなる。

【鹿児島県上野原縄文の森】

・鹿児島県霧島市国分上野原縄文の森1番1号
・電話　0995（48）5701
・開園時間　9：00〜17：00（展示館入館は16：30まで）
・休園日　月曜（休日の場合は翌日）、4月29日〜5月5日は無休
・入園料　無料
　展示館入館料　大人：300円・高大学生：210円・小中学生：150円
・交通　JR国分駅より林田バスで25分「上野原遺跡」下車。車で東九州自動車道・国分ICより約15分。

図55 ● 縄文の森での体験学習
体験学習館では、縄文時代の燻製料理づくりや蒸し焼き料理づくりなどが体験できる。

参考文献

浜田耕作　一九二二　『通論考古学』雄山閣
芹沢長介・鎌木義昌　一九六〇　「長崎県福井岩陰遺跡」『日本考古学協会第二六回総会研究発表要旨』
町田　洋・新井房夫　一九七六　「広域に分布する火山灰」『科学』四六—六
町田　洋　一九七七　『火山灰は語る』蒼樹書房
西之表市教育委員会　一九七八　「下剥峯遺跡ほか」『西之表市埋蔵文化財発掘調査報告書』一
安田喜憲　一九八〇　『環境考古学事始』ＮＨＫブックス
鹿児島県教育委員会　一九八一　「加栗山遺跡・神ノ木山遺跡」『鹿児島県埋蔵文化財発掘調査報告書』一六
米倉秀紀　一九八四　「縄文時代早期の生業と集団行動」『熊本大学文学部論叢』第一三号
新東晃一　一九八四　「鬼界カルデラ（アカホヤ火山灰）の爆発と縄文社会への影響」『Museum Kyushu』vol.4 No.4
麻生　優・白石浩之　一九八五　『泉福寺洞穴の発掘調査記録』筑地書館
新東晃一・山崎純男　一九八六　『縄文時代』『図説発掘が語る日本史　第六巻　九州』新人物往来社
原田昌幸　一九八八　「縄文人の装い—耳栓・玦状耳飾」「縄文人の道具」『古代史復元３』講談社
三重県教育委員会　一九九一　「鴻ノ木遺跡」『一般国道四二号松阪・多気バイパス埋蔵文化財発掘調査概報』Ⅰ
鹿児島市教育委員会　一九九二　「掃除山遺跡」『鹿児島市埋蔵文化財発掘調査報告書』一二
岩永徹夫　一九九二　「壺形縄文土器の一例—宮崎県総合博物館収蔵資料」『宮崎考古』石川恒太郎先生追悼論集
新東晃一　一九九三　「九州—縄文集落の変遷」『季刊考古学』第四四号（縄文時代の家と集落）雄山閣
原田昌幸　一九九三　「遊動と定住」『季刊考古学』第四四号（縄文時代の家と集落）雄山閣
南種子町教育委員会　一九九三　「横峯遺跡」『南種子町埋蔵文化財発掘調査報告書』四
指宿市教育委員会　一九九四　「橋牟礼川遺跡Ⅳ」『指宿市埋蔵文化財発掘調査報告書』一六
加世田市教育委員会　一九九四　「栫ノ原遺跡」『加世田市埋蔵文化財発掘調査概報』
南日本新聞社　一九九七　『縄文グラフ　発掘！上野原遺跡』
新東晃一　一九九八　「南九州にみる縄文文化のはじまり」『科学』六八—四　岩波書店
熊本県教育委員会　二〇〇〇　「灰塚遺跡Ｉ」『熊本県文化財調査報告』一八七
鹿児島県教育委員会　二〇〇〇　「上野原遺跡（第一〇地点）」『鹿児島県立埋蔵文化財センター発掘調査報告書』二七
鹿児島県教育委員会　二〇〇一　「上野原遺跡（第一〇地点）」『鹿児島県立埋蔵文化財センター発掘調査報告書』二八
鹿児島県教育委員会　二〇〇二　「上野原遺跡（第二～七地点）」『鹿児島県立埋蔵文化財センター発掘調査報告書』四一
鹿児島県教育委員会　二〇〇三　「城ヶ尾遺跡Ｉ」『鹿児島県立埋蔵文化財センター発掘調査報告書』六〇
中種子町教育委員会　二〇〇三　「立切遺跡」『中種子町埋蔵文化財発掘調査報告書』六
森貞次郎　一九六八　「弥生時代における細形銅剣の流入について」『日本民族と南方文化』平凡社

刊行にあたって

「遺跡には感動がある」。これが本企画のキーワードです。

あらためていうまでもなく、専門の研究者にとっては遺跡の発掘こそ考古学の基礎をなす基本的な手段です。また、はじめて考古学を学ぶ若い学生や一般の人びとにとって「遺跡は教室」です。

日本考古学では、もうかなり長期間にわたって、発掘・発見ブームが続いています。そして、毎年厖大な数の発掘調査報告書が、主として開発のための事前発掘を担当する埋蔵文化財行政機関や地方自治体などによって刊行されています。そこには専門研究者でさえ完全には把握できないほどの情報や記録が満ちあふれています。しかし、その遺跡の発掘によってどんな学問的成果が得られたのか、その遺跡やそこから出た文化財が古い時代の歴史を知るためにいかなる意義をもつのかなどといった点を、莫大な記述・記録の中から読みとることははなはだ困難です。ましてや、考古学に関心をもつ一般の社会人にとっては、刊行部数が少なく、数があっても高価なその報告書を手にすることすら、ほとんど困難といってよい状況です。

いま日本考古学は過多ともいえる資料と情報量の中で、考古学とはどんな学問か、また遺跡の発掘から何を求め、何を明らかにすべきかといった「哲学」と「指針」が必要な時期にいたっていると認識します。

本企画は「遺跡には感動がある」をキーワードとして、発掘の原点から考古学の本質を問い続ける試みとして、日本考古学が存続する限り、永く継続すべき企画と決意しています。いまや、考古学にすべての人びとの感動を引きつけることが、日本考古学の存立基盤を固めるために、欠かせない努力目標の一つです。必ずや研究者のみならず、多くの市民の共感をいただけるものと信じて疑いません。

監修　戸沢充則

編集委員　勅使河原彰　小野昭
小野正敏　石川日出志
小澤毅　佐々木憲一

著者紹介

新東晃一（しんとう・こういち）

1947年生まれ。岡山理科大学理学部卒業。　文学博士
岡山県教育委員会文化課、鹿児島県教育委員会文化課、鹿児島県立埋蔵文化財センターで埋蔵文化財の調査に携わる。元鹿児島県立埋蔵文化財センター次長兼南の縄文調査室長。過去の火山活動を分析して考古学に生かす「火山灰考古学」を提唱。1995年第20回「藤森栄一賞」受賞。
主な著書　「九州地方の縄文時代」（『図説発掘が語る日本史6』新人物往来社）、「火山灰と南九州の縄文文化」（『南九州縄文研究』第1集）、「南九州にみる縄文文化のはじまり」（『科学』68-4）、「南の縄文世界・もう一つの縄文文化」（『東北学』6号）

写真提供

指宿市教育委員会　図5, 7
鹿児島県立埋蔵文化財センター　図18, 26, 27, 30, 31, 32, 34, 35 ,36, 37, 39, 44, 48, 52
中種子町教育委員会　図46, 47
南さつま市教育委員会　図49, 50

挿図出典等

新東作成　図12, 13, 16, 23, 38, 43, 45, 51, 53。図2, 4は町田洋1977年『火山灰は語る』から作成。図6は浜田耕作1922年『通論考古学』から引用。図33は上野原遺跡報告書2000年から引用。図15, 19, 21, 24, 28は上野原遺跡報告書2002年から引用。図22は『縄文グラフ　発掘！上野原遺跡』から作成。図40は城ヶ尾遺跡報告書2003年から引用。図41は岩永哲夫1992年「壺形縄文土器の一例」から引用。図42は熊本県灰塚遺跡報告書2000年から引用。

シリーズ「遺跡を学ぶ」027

南九州に栄えた縄文文化・上野原《うえのはら》遺跡

2006年　6月15日　第1版第1刷発行
2009年　6月15日　第1版第2刷発行

著　者＝新東晃一

発行者＝株式会社 新 泉 社
東京都文京区本郷2-5-12
振替・00170-4-160936番　TEL03（3815）1662／FAX03（3815）1422
印刷／太平印刷社　製本／榎本製本

ISBN978-4-7877-0637-9　C1021

シリーズ「遺跡を学ぶ」

A5判／96頁／定価各1500円＋税

第Ⅰ期（全31冊完結・セット函入46500円＋税）

01 北辺の海の民・モヨロ貝塚　米村衛
02 天下布武の城・安土城　木戸雅寿
03 古墳時代の地域社会復元・三ツ寺Ⅰ遺跡　若狭徹
04 原始集落を掘る・尖石遺跡　勅使河原彰
05 世界をリードした磁器窯・肥前窯　大橋康二
06 五千年におよぶムラ・平出遺跡　小林康男
07 豊饒の海の縄文文化・曽畑貝塚　木﨑康弘
08 未盗掘石室の発見・雪野山古墳　佐々木憲一
09 氷河期を生き抜いた狩人・矢出川遺跡　堤　隆
10 描かれた黄泉の世界・王塚古墳　柳沢一男
11 江戸のミクロコスモス・加賀藩江戸屋敷　追川吉生
12 北の黒曜石の道・白滝遺跡群　木村英明
13 古代祭祀とシルクロードの終着地・沖ノ島　弓場紀知
14 黒潮を渡った黒曜石・見高段間遺跡　池谷信之
15 縄文のイエとムラの風景・御所野遺跡　高田和徳
16 鉄剣銘一一五文字の謎に迫る・埼玉古墳群　高橋一夫
17 石にこめた縄文人の祈り・大湯環状列石　秋元信夫
18 土器製塩の島・喜兵衛島製塩遺跡と古墳　近藤義郎
19 縄文の社会構造をのぞく・姥山貝塚　堀越正行
20 大仏造立の都・紫香楽宮　小笠原好彦
21 律令国家の対蝦夷政策・相馬の製鉄遺跡群　飯村均
22 筑紫政権からヤマト政権へ・豊前石塚山古墳　長嶺正秀
23 弥生実年代と都市論のゆくえ・池上曽根遺跡　秋山浩三
24 最古の王墓・吉武高木遺跡　常松幹雄
25 石槍革命・八風山遺跡群　須藤隆司
26 大和葛城の大古墳群・馬見古墳群　河上邦彦
27 南九州に栄えた縄文文化・上野原遺跡　新東晃一
28 泉北丘陵に広がる須恵器窯・陶邑遺跡群　中村浩
29 東北古墳研究の原点・会津大塚山古墳　辻秀人
30 赤城山麓の三万年前のムラ・下触牛伏遺跡　小菅将夫
別01 黒耀石の原産地を探る・鷹山遺跡群　黒耀石体験ミュージアム

第Ⅱ期（全20冊完結・セット函入30000円＋税）

31 日本考古学の原点・大森貝塚　加藤緑
32 斑鳩に眠る二人の貴公子・藤ノ木古墳　前園実知雄
33 聖なる水の祀りと古代王権・天白磐座遺跡　辰巳和弘
34 吉備の弥生大首長墓・楯築弥生墳丘墓　福本明
35 最初の巨大古墳・箸墓古墳　清水眞一
36 中国山地の縄文文化・帝釈峡遺跡群　河瀬正利
37 縄文文化の起源をさぐる・小瀬ヶ沢・室谷洞窟　小熊博史
38 世界航路へ誘う港市・長崎・平戸　川口洋平
39 武田軍団を支えた甲州金・湯之奥金山　谷口一夫
40 中世瀬戸内の港町・草戸千軒町遺跡　鈴木康之
41 松島湾の縄文カレンダー・里浜貝塚　会田容弘
42 地域考古学の原点・月の輪古墳　近藤義郎・中村常定
43 天下統一の城・大坂城　中村博司
44 東山道の峠の祭祀・神坂峠遺跡　市澤英利
45 霞ヶ浦の縄文景観・陸平貝塚　中村哲也
46 律令体制を支えた地方官衙・弥勒寺遺跡群　田中弘志
47 戦争遺跡の発掘・陸軍前橋飛行場　菊池実
48 最古の農村・板付遺跡　山崎純男
49 ヤマトの王墓・桜井茶臼山古墳・メスリ山古墳　千賀久
50 「弥生時代」の発見・弥生町遺跡　石川日出志

第Ⅲ期（全25冊　好評刊行中）

51 邪馬台国の候補地・纒向遺跡　石野博信
52 鎮護国家の大伽藍・武蔵国分寺　福田信夫
53 古代出雲の原像をさぐる・加茂岩倉遺跡　田中義昭
54 縄文人を描いた土器・和台遺跡　新井達哉
55 古墳時代のシンボル・仁徳陵古墳　一瀬和夫
56 大友宗麟の戦国都市・豊後府内　玉永光洋・坂本嘉弘
57 東京下町に眠る戦国の城・葛西城　谷口榮